© Verlag Zabert Sandmann GmbH

München

1. Auflage 2000

ISBN 3-932023-66-8

Grafische Gestaltung	Verena Fleischmann, Barbara Markwitz
Grafisches Konzept	Miro Pistek
Umschlaggestaltung	Verena Fleischmann
Fotografie	Walter Cimbal
Redaktion	Gertrud Köhn, Kathrin Ullerich
Herstellung	Karin Mayer, Peter Karg-Kordes
Lithografie	inteca Media Service GmbH, Rosenheim
Druck + Bindung	Officine Grafiche De Agostini, Novara

Besuchen Sie uns auch im Internet unter der Adresse www.zsverlag.de

KOCH ZEIT

15 minuten · 20 minuten · 30 minuten · 40 minuten

von Alexander Herrmann

ZABERT
SANDMANN

Inhalt

ALLE REZEPTE FÜR ZWEI PERSONEN

Die Basisprodukte

1	Ei	6	Rotwein
2	Zitrone	7	Weißwein
3	Zwiebel	8	Balsamico-Essig
4	Kartoffel	9	Olivenöl
5	Sahne	10	(Hühner-)Brühe

1 Ei

Trotz seines hohen Cholesteringehalts ist das Ei ein wertvolles Nahrungsmittel: Es liefert viele Vitamine und hochwertiges Eiweiß. Verwenden Sie möglichst Eier von frei laufenden Hühnern. Im Kühlschrank sind frische Eier ca. 2 Wochen haltbar.

2 Zitrone

Zitronensaft ist ein Muss, um Gerichte mit etwas Säure abzurunden. Kaufen Sie unbehandelte Zitronen, dann können Sie auch die Schale verwenden.

3 Zwiebel

Als Grundzutat für Suppen, Fonds und Saucen ist sie unverzichtbar, denn die Zwiebel (und ihre »Luxusausführung«, die Schalotte) ist das »Würzgemüse« schlechthin. Zwiebeln sollten trocken, kühl und dunkel lagern.

4 Kartoffel

Etwa 200 Kartoffelsorten sind auf dem Markt, alle mit meist wohl klingenden Namen. Man unterscheidet vier verschiedene Reifegruppen und – was wichtiger ist – drei unterschiedliche Gareigenschaften: Fest kochende Kartoffeln haben wenig Stärke

und behalten beim Kochen ihre Form; sie eignen sich z. B. besonders gut für Bratkartoffeln. Mehlig kochende haben hingegen sehr viel Stärke und somit Bindekraft, weshalb sie *die* Püreekartoffeln sind. Für den Vorrat empfiehlt es sich, vorwiegend fest kochende Kartoffeln zu kaufen, denn sie eignen sich für alle Kartoffelzubereitungen. Sie zerfallen kaum beim Kochen, haben aber genügend Bindefähigkeit (z. B. für Püree).

5 Sahne

Sahne ist *der* Grundstoff für cremige Saucen und außerdem der perfekte Geschmacksträger. Auch wenn man sie nur wohl dosiert einsetzt, darf Sahne in keiner Küche fehlen.

6 Rotwein

Nicht nur als Begleiter zum Essen, auch als Zutat ist Wein unentbehrlich. Rotwein sollte trocken sein und nicht zu tanninhaltig! Beim Einkochen verfliegt der Alkohol – und was bleibt ist der pure Geschmack, der z. B. Saucen und Suppen verfeinert. Verwenden Sie möglichst den Wein zum Kochen, der später auch zu dem Gericht getrunken wird.

7 Weißwein

In der Regel verwendet man trockenen Weißwein in der Küche; asiatische Gerichte werden aber gern mit einem halbtrockenen abgeschmeckt. Weißwein dient als Säureunterstützer und natürlich als Geschmacksträger (alles Weitere siehe unter Rotwein).

8 Balsamico-Essig

Je älter der italienische Kultessig ist, umso milder und angenehmer wird seine Säure (und umso teurer ist er leider auch). Er sollte mindestens 4 Jahre in alten Weinfässern heranreifen dürfen, Spitzensorten sind sogar bis zu 25 Jahre alt. Balsamico ist Geschmackssache, daher heißt es: immer wieder testen und probieren, bis man seinen Lieblings-Balsamico gefunden hat.

9 Olivenöl

Ohne ein gutes Olivenöl kommt man in der Küche nicht aus. Achten Sie beim Kauf auf die Kennzeichnung »extra vergine« bzw. »natives Olivenöl extra« – damit ist garantiert, dass das Öl kaltgepresst ist (also aus der ersten Pressung stammt) und nur wenig Säure hat. Suchen Sie das Olivenöl, das Ihnen am besten schmeckt. Es genügt übrigens ein Öl der mittleren Preiskategorie.

10 (Hühner-)Brühe

Brühe ist die Auffüllflüssigkeit schlechthin! Ideal für den Vorratsschrank ist konzentrierte Hühnerbrühe in 0,3 l-Dosen. Dieses Konzentrat einfach mit 1 l Wasser anrühren oder aufkochen – und Sie haben eine schmackhafte Alternative zu frisch gekochter Brühe von einem Suppenhuhn (Huhn mit Wasser bedecken, Wurzelgemüse und Gewürze dazugeben und ca. 1 bis 2 Stunden leicht köcheln) und dem bekannten Brühwürfel (am besten dosiert man den Geschmack, wenn man den Brühwürfel in lauwarmem Wasser anrührt und mit diesem Fond die Speisen aufgießt). Für welche Variante Sie sich entscheiden, bleibt Ihnen überlassen. Wichtig ist, dass die Brühe nicht zu kräftig schmeckt – sie soll den Geschmack unterstützen, nicht beherrschen!

Die Sowieso-Produkte

sollten ebenfalls vorhanden sein:

☐ Mehl und Stärke
   (oder Fix-Saucenbinder)
☐ Butter
☐ Ketchup
☐ Pflanzenöl
☐ Zucker
☐ Salz und Pfeffer

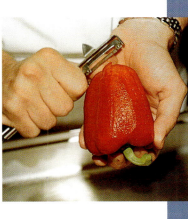

Kochzeit
Minuten
15

Feldsalat
MIT SÜSSKARTOFFEL-DRESSING

Nur diese 4 Zutaten kaufen:

1. 6 Scheiben Frühstücksspeck
2. 1 Süßkartoffel
3. 2 große Hand voll Feldsalat
4. 1 Staude gelber Löwenzahn

Basisprodukte:
2 Schnapsgläser Balsamico-Essig,
2 Tassen Brühe, 2 EL Olivenöl
sowie 1/2 EL Zucker, Salz, Pfeffer

Feldsalat ist mittlerweile zwar ganzjährig im Handel, am aromatischsten schmeckt er jedoch in den Wintermonaten. Sein kräftiger Geschmack passt hervorragend zu Kartoffeln, vor allem zu cremigen Süßkartoffeln.

Speck und Dressing

Den Speck auf einem mit Backpapier ausgelegten Backblech im vorgeheizten Backofen bei 180 °C (Umluft 160 °C) 10 Minuten knusprig rösten oder in einer Pfanne ohne Fett von beiden Seiten kurz braten. Für das Dressing die Süßkartoffel schälen und in feine Würfel schneiden. In einem Topf den Zucker karamellisieren lassen, mit etwas Balsamico ablöschen und die Kartoffelwürfel dazugeben. Mit Brühe auffüllen, bis die Kartoffeln bedeckt sind, salzen, pfeffern und zugedeckt ca. 4 Minuten weich kochen. Achtung: Süßkartoffeln zerkochen sehr leicht! Die Kartoffelsauce zum Auskühlen in eine größere Schüssel umfüllen, mit Salz, Pfeffer und Balsamico abschmecken und das Olivenöl unterrühren. Das Dressing sollte eine cremige Konsistenz haben. Falls nicht, einige Kartoffelwürfel mit der Gabel zerdrücken.

Der Salat

Vom Feldsalat welke Blättchen entfernen und die Wurzeln so abschneiden, dass die Blätter noch zusammenhalten. Dann gründlich waschen. Am besten, Sie probieren ihn nach dem Waschen: Knirscht es zwischen den Zähnen, noch einmal in reichlich Wasser waschen. Vom Löwenzahn die Spitzen abzupfen. Kurz in lauwarmem (entzieht die Bitterstoffe), dann in kaltem Wasser waschen und mit dem Feldsalat trockenschleudern. Den Feldsalat in die Mitte der Teller legen. Die Speckstreifen anlehnen, mit dem Löwenzahn garnieren. Das Dressing um und über den Salat geben. Ein dekorativer Gag: Stecken Sie einige in Öl gebratene, dünne Süßkartoffelstreifen zwischen den Feldsalat.

Kochzeit 15 Minuten

Geben Sie zusätzlich noch einige entkernte Weintraubenhälften in das Dressing. Sie werden erstaunt sein, wie der Salat durch die Früchte eine ganz andere Note bekommt.

Geräucherter Lachs

MIT MARINIERTEN GARNELEN UND CHICORÉE

Nur diese 4 Zutaten kaufen:

1 300 g Räucherlachs (evtl. in Scheiben)
2 1 Hand voll Garnelen
3 1 Chicorée
4 2 EL Crème fraîche

Basisprodukte:
1 Zitrone, Olivenöl
sowie Salz, Pfeffer

Lachs gehört zu den beliebtesten Speisefischen, geräuchert oder gebeizt ist er eine schnelle und delikate Vorspeise. Und da die Kombination Lachs mit Krustentieren fast schon Kult ist, liegt es nahe, ihn mit Garnelen zu servieren.

Lachs und Garnelen

Den Lachs in hauchdünne Scheiben schneiden. Die Lachsscheiben etwas überlappend auf Tellern auslegen und kühl stellen. Für die Dekoration 2 Garnelen beiseite legen, von den restlichen Garnelen Schwanz und Kopf abtrennen. Den Panzer auseinander brechen und mit einem spitzen Messer den Darm entfernen. Die Garnelen dritteln und mit etwas Zitronensaft, Olivenöl, Salz und Pfeffer marinieren.

Chicorée und Marinade

Die äußeren Blätter vom Chicorée entfernen, das untere Viertel der Staude abschneiden und die Blätter voneinander trennen. 6 bis 8 Blätter für die Dekoration beiseite legen, den Rest in schmale Streifen schneiden.

Die Chicoréestreifen zu den Garnelen geben und das Ganze nochmals mit Zitronensaft, Salz, Pfeffer und Olivenöl abschmecken. Die Crème fraîche mit etwas Salz und einigen Tropfen Zitronensaft glatt rühren (Crème fraîche sorgt für das cremige Gefühl am Gaumen und mildert die Rauchnote des Lachses). Den Lachsteller mit Zitronensaft und Olivenöl beträufeln und nach Belieben schwarzen Pfeffer grob darüber mahlen. Die Chicoréeblätter darauf anrichten, mit dem Garnelensalat füllen und jeweils etwas Crème fraîche darauf geben. Von den beiseite gelegten Garnelen Kopf und Panzer entfernen, auf die Crème fraîche legen.

Kochzeit 15 Minuten

Selbst gemachte Croûtons, mit durchgepresstem Knoblauch gebraten, sind zu diesem Lachsteller der absolute Hit. Vielleicht haben Sie ja noch etwas Zeit dafür?!

Parmaschinkenröllchen
MIT BALSAMICO-VINAIGRETTE

Nur diese 4 Zutaten kaufen:

1 2 Bund Rucola
2 12 dünne Scheiben Parmaschinken
3 einige schwarze Oliven (mit Stein)
4 1 kleines Stück Parmesan

Basisprodukte:
3 EL Balsamico-Essig, 1/2 Tasse Brühe,
4 EL Olivenöl
sowie Salz, Pfeffer

*Eine ideale Kombination: Parmaschinken, Rucola, Parmesan, Oliven – vier geschmacklich
starke Produkte, die miteinander harmonieren und sich ergänzen, ohne sich gegenseitig
die Schau zu stehlen.*

Die Vinaigrette

Balsamico und Brühe vermischen, mit Salz
und Pfeffer abschmecken. Dann das Olivenöl
unterrühren.

Die Schinkenröllchen

Den Rucola unter fließendem kalten Wasser
waschen und gut trockenschütteln. Welke
Blätter entfernen und das untere Drittel der
Stiele abschneiden. Je 2 Scheiben Parmaschinken der Länge nach leicht überlappend
aneinander legen und den Rucola auf den
vorbereiteten Schinkenplatten verteilen.
Den Parmaschinken zusammenrollen, sodass
die Rucolablätter wie Sträußchen heraus-
ragen. Die Oliven halbieren und entkernen.

Der Parmesan

Vom Käsestück mit einem Sparschäler dünne
Späne abziehen (je nach Konsistenz des
Parmesans kann es sein, dass eher Brösel als
Späne entstehen; das ist zwar nicht ganz
so dekorativ, geschmacklich macht es aber
keinen Unterschied). Die Schinken-Rucola-
Röllchen auf einen Teller stellen. Die Vinai-
grette nochmals durchrühren und löffelweise
über die Röllchen gießen. Die Schinkenröll-
chen auf frische Teller umsetzen, mit einigen
Tropfen Vinaigrette sowie den Oliven und
Parmesanspänen garnieren.

Kochzeit 15 Minuten

Wenn Sie die Röllchen statt mit Oliven
und Parmesan mit aromatischen Kirschtomaten und Basilikum anrichten, erhalten
Sie eine mildere Variante.

Gefüllte Champignons

AUF LÖWENZAHNSALAT

Nur diese 4 Zutaten kaufen:

1. 200 g gemischtes Hackfleisch
2. 10 große Champignons
3. 1 Staude gelber Löwenzahn
4. 1 Becher Naturjoghurt

Basisprodukte:
1/2 Zwiebel, Olivenöl, 1/2 Zitrone
sowie Salz, Pfeffer, 1 EL Ketchup

Statt des klassischen Gerichts Fleischpflanzerl mit Champignonsauce drehen wir den Spieß einfach um und füllen die Fleischmasse in die Pilzköpfe. Dieses Rezept lässt sich leicht variieren: Probieren Sie es auch einmal mit Lammhack oder fein geschnittenem Geflügelfleisch.

Die Champignons

Das Hackfleisch mit Salz, Pfeffer, der fein gewürfelten Zwiebel und dem Ketchup vermengen. Die Champignons putzen und vorsichtig den Stiel aus den Pilzköpfen drehen. Mit einem kleinen Löffel die dunkelbraunen Lamellen aus den Champignons heraustrennen. Wenn die Pilze sehr frisch, die Lamellen also sehr fest sind, können Sie darauf verzichten. Nun die Hackfleischmasse in die Champignons füllen und in einer ofenfesten Pfanne zunächst auf der Pilzseite in 2 EL Olivenöl anbraten. Dann auf die Fleischseite wenden und im vorgeheizten Backofen bei 180 °C (Umluft 160 °C) ca. 7 Minuten fertig garen.

Salat und Dressing

Vom Löwenzahn die gelben Spitzen abzupfen, kurz in lauwarmem (entzieht die Bitterstoffe), anschließend in kaltem Wasser waschen und vorsichtig trockenschleudern. Den Joghurt mit etwas Zitronensaft, Salz, Pfeffer und 1 kleinen Schuss Olivenöl – am besten mit dem Stabmixer – gut verrühren. Den Löwenzahn dekorativ auf Tellern verteilen, die Champignonköpfe darauf anrichten und mit dem schaumigen Dressing beträufeln. Nach Belieben mit einigen rohen Champignonscheiben garnieren.

Kochzeit 15 Minuten

Die Hackmasse wird noch lockerer, wenn man ein in Milch eingeweichtes Brötchen unter das Hackfleisch mengt.

Entenbrust-Carpaccio

MIT GRÜNEM SPARGELSALAT

Nur diese 4 Zutaten kaufen:

1 Bund grüner Spargel
2 1 Bund Schnittlauch
3 1 geräucherte Entenbrust
4 2 EL Pinienkerne

Basisprodukte:
2 EL Balsamico-Essig, 1 Tasse Brühe,
3 EL Olivenöl
sowie Salz, Pfeffer, 1 EL Butter

Carpaccio ist eine Trend-Vorspeise: Vom Apfel bis zur Kartoffel, nahezu alles, was man dünn aufschneiden kann, wird mittlerweile so bezeichnet. Streng genommen verdient jedoch nur rohes mariniertes Rindfleisch den Namen Carpaccio, denn dieser leitet sich von dem italienischen Maler Vittore Carpaccio ab, in dessen Werk fleischige Rottöne dominieren.

Der Spargel

Vom Spargel die Enden entfernen und die Spitzen fingerlang abschneiden. Die Spargelstangen – ohne die Spitzen – in 1/2 cm dicke Scheiben schneiden. Die Spargelspitzen ca. 1 Minute in kochendes Salzwasser geben, dann die Spargelstücke hinzufügen und zusammen nochmals ca. 1 Minute blanchieren. Anschließend abgießen und sofort mit kaltem Wasser – am besten mit Eiswasser – abschrecken. Den Spargel auf Küchenpapier abtropfen lassen.

Die Vinaigrette

Vom Schnittlauch die Spitzen etwa 10 cm lang abschneiden. Den Rest in feine Röllchen schneiden und mit Balsamico, Brühe, Salz, Pfeffer und Olivenöl zu einer Vinaigrette verrühren.

Die Entenbrust

Die Entenbrust mit einem scharfen Messer in hauchdünne Scheiben schneiden und dekorativ auf Tellern anrichten. Die Spargelspitzen in der Mitte verteilen (oder mit einem Schnittlauchhalm zusammenbinden) und mit der Vinaigrette beträufeln. Die Pinienkerne mit 1 EL Butter in einer Pfanne rösten. Vorsicht, sie bräunen schnell! Die Pinienkerne mit der Butter über den Spargel geben, mit den Schnittlauchspitzen garnieren.

Kochzeit 15 Minuten

In der Spargelzeit (April bis Juni) empfehle ich Ihnen weißen Spargel – er schmeckt noch aromatischer als der grüne.

Kartoffel-Kräuter-Suppe
MIT GERÖSTETEM SPECK

Nur diese 4 Zutaten kaufen:

1. 6 Scheiben Frühstücksspeck
2. 4 Zweige Basilikum
3. 4 Zweige Estragon
4. 4 Zweige Thymian

Basisprodukte:
1/2 Zwiebel, 2 EL Olivenöl,
3 Kartoffeln, Brühe zum Auffüllen
sowie Salz, Pfeffer

Wie gut Kartoffelsuppe schmeckt, weiß wohl jeder. Mit deftigem Speck und veredelt mit Kräuteraromen – süßlichem Basilikum, herzhaftem Thymian und blumigem Estragon – präsentiert sich dieser Klassiker in neuem Gewand.

Der Speck

Den Speck auf einem mit Backpapier ausgelegten Backblech im vorgeheizten Backofen bei 180 °C (Umluft 160 °C) 10 Minuten knusprig rösten oder in einer Pfanne ohne Fett von beiden Seiten kurz braten.

Die Suppe

Die Zwiebel in feine Würfel schneiden und in 2 EL Olivenöl andünsten. Die Kartoffeln schälen, in möglichst kleine Würfel schneiden und zu den Zwiebeln geben. Mit Brühe aufgießen, mit Salz und Pfeffer abschmecken und zugedeckt weich köcheln.

Die Kräuter

Die Basilikum- und Estragonblätter – bis auf einige schöne Spitzen für die Dekoration – in feine Streifen schneiden. Vom Thymian die Blättchen abstreifen. Die Suppe mit Salz und Pfeffer abschmecken und die Kräuter hinzufügen. Die Suppe in tiefe Teller geben, mit dem krossen Speck und den Kräuterspitzen garnieren.

Kochzeit 15 Minuten

Frische Kräuter sind nicht sehr hitzestabil: Die ätherischen Öle verfliegen beim Kochen. Daher fügt man Kräuter immer erst zum Schluss hinzu.

Gebratenes Gemüse

MIT BALSAMICO-SABAYON

Nur diese 4 Zutaten kaufen:

1 1 kleiner Blumenkohl
2 1 Stange Lauch
3 2 Spitzpaprika
4 1 Hand voll Zuckerschoten

Basisprodukte:
2 EL Olivenöl, 2 Eier, 1 Schuss Balsamico-Essig, 1/2 Glas Rotwein
sowie 1 EL Butter, Salz, Pfeffer

In Butter gebraten ist Blumenkohl besonders aromatisch. Süßherber Lauch, knackige Zuckerschoten und herzhafte Spitzpaprika stehen ihm ergänzend zur Seite. Als i-Tüpfelchen noch ein säuerliches Balsamico-Sabayon — fertig ist das Gemüse-Highlight!

Blumenkohl und Lauch

Den Blumenkohl in kleine Röschen teilen und waschen. Den Lauch putzen, waschen und in Scheiben schneiden. In einer Pfanne 1 EL Butter zerlassen, das Gemüse hineingeben, salzen, pfeffern und unter Rühren leicht bräunlich gar braten.

Paprika und Zuckerschoten

Die Paprikaschoten waschen, halbieren, Stielansätze und Kerne entfernen und in Streifen schneiden. Die Zuckerschoten putzen und waschen. Die Paprikastreifen in 2 EL Olivenöl anbraten. Wenn sie etwas Farbe genommen haben, die Zuckerschoten dazugeben, mit Salz und Pfeffer würzen.

Das Sabayon

Eier, Balsamico und Rotwein in einer Metallschüssel verrühren und mit Salz und Pfeffer abschmecken. Über einem heißen Wasserbad mit dem Schneebesen zu einem cremigen Sabayon aufschlagen. Das Gemüse in tiefen Tellern dekorativ anrichten und das Sabayon darüber geben. Als dekorativen Gag können Sie von den Paprikaschoten auch nur einen Deckel abschneiden, die Schoten im Ganzen mitbraten und zum Servieren jeweils etwas Sabayon in die Schoten füllen.

Kochzeit 15 Minuten

Variationsmöglichkeiten gibt es bei diesem Gericht unbegrenzt. Braten Sie z.B. etwas Knoblauch mit und geben Sie etwas frisches Basilikum oder andere Kräuter Ihrer Wahl dazu.

Lauwarmer Schafskäse

IM ZUCCHINIMANTEL MIT TOMATEN

Nur diese 4 Zutaten kaufen:

1. 1 Zucchino
2. 2 Scheiben Schafskäse
3. 3 Tomaten
4. 1 Zweig glatte Petersilie

Basisprodukte:
Olivenöl
sowie Salz, Pfeffer

Lauwarmer Schafskäse ist ein echter Genuss, vor allem Salat peppt er würzig auf. Um den Käse etwas zu mildern, wickeln wir ihn in aromatische Zucchinistreifen. Gedünstete Tomaten bringen Frische und Fruchtigkeit.

Der Zucchino

Den Zucchino der Länge nach in dünne Streifen schneiden. In kochendem Salzwasser ganz kurz blanchieren, kalt abschrecken und auf Küchenpapier abtropfen lassen.

Der Käse

Die Schafskäsescheiben halbieren und in jeweils 2 bis 3 Zucchinistreifen einschlagen. Mit etwas Olivenöl beträufeln und im vorgeheizten Backofen bei 190 °C (Umluft 170 °C) gut 6 Minuten erwärmen.

Die Tomaten

Die Tomaten vierteln, die Kerne entfernen und das Fruchtfleisch in Würfel schneiden. In einem Topf 1 Schuss Olivenöl erhitzen und die Tomaten darin schmelzen lassen (das geht sehr rasch, nach ca. 1 bis 2 Minuten leichtem Köcheln sind die Tomatenwürfel etwas verkocht und mit dem Olivenöl emulgiert). Die Tomaten mit Salz, Pfeffer und etwas gehackter Petersilie abschmecken. Die Käsepäckchen auf den geschmolzenen Tomaten anrichten und mit Petersilienblättern garnieren.

Kochzeit 15 Minuten

Etwas Knoblauch sorgt für noch mehr Würze. Sehr gut schmecken statt Tomaten in Öl gedünstete Salatgurkenwürfel dazu.

Gebratene Mie-Nudeln

MIT SHIITAKE-PILZEN UND ZUCKERSCHOTEN

Nur diese 4 Zutaten kaufen:

1 1/2 Packung Mie-Nudeln (ca. 125 g)
2 1 Hand voll Shiitake-Pilze
3 1 Hand voll Zuckerschoten
4 2 EL Misopaste

Basisprodukte:
1 Tasse Brühe
sowie Salz, 2 EL Butter, Pfeffer

Mie-Nudeln sind die Nudeln mit der kürzesten Garzeit: Salzwasser aufkochen, Nudeln dazugeben, mit der Gabel durchrühren, nochmals aufkochen, vom Herd nehmen und 4 Minuten ziehen lassen — fertig! Mie-Nudeln schmecken auch gebraten sehr fein.

Die Nudeln

Die Nudeln wie im Vorspanntext beschrieben garen, mit kaltem Wasser abschrecken und auf Küchenpapier abtropfen lassen.

Pilze und Zuckerschoten

Von den Pilzen einen Großteil des Stiels abschneiden, da er nach dem Braten sehr zäh werden kann. In einer Pfanne die Butter zerlassen und die Pilze darin bei mittlerer Hitze langsam braten, mit Salz und Pfeffer würzen.

In der Zwischenzeit die Zuckerschoten putzen und waschen. Wenn die Pilze fast gar sind, die Zuckerschoten noch 1 Minute mitbraten. Die Mie-Nudeln hinzufügen, mit Salz und Pfeffer abschmecken und erneut ca. 2 Minuten braten.

Die Sauce

Die Brühe mit der Misopaste erwärmen, aber nicht kochen. Die Nudeln auf Teller geben, die Zuckerschoten und Pilze darauf anrichten und die Sauce darüber gießen.

Kochzeit
15
Minuten

Die Misosauce können Sie auch durch Sojasauce ersetzen. Koriander und Knoblauch sorgen für noch mehr Asia-Aromen.

Süß-scharfe Glasnudeln

MIT GEBRATENEN SHRIMPS

Nur diese 4 Zutaten kaufen:

1 1 kleine Packung Glasnudeln (ca. 100 g)
2 2 Zweige Koriander
3 Chiliöl
4 1 Hand voll Shrimps

Basisprodukte: 1/2 Glas Weißwein, 1 große Tasse Brühe, 1/2 Zitrone sowie Salz, 2 EL Zucker, 1 EL Ketchup, Pfeffer, 1/2 EL Butter

Glasnudeln sind die asiatische Antwort auf Spaghetti, jedenfalls was ihre Dicke und Länge betrifft. Wenn Sie scharfe Speisen lieben, können Sie bei diesem Gericht mit der Dosierung des Chiliöls Ihren bevorzugten Schärfegrad einstellen.

Die Nudeln

Die Glasnudeln in kochendem Salzwasser bissfest garen, dann kalt abschrecken.

Die Sauce

Den Weißwein mit Zucker einkochen lassen, bis dicke Blasen entstehen. Brühe und Ketchup dazugeben, mit Salz und Pfeffer abschmecken. Einige Korianderblätter für die Dekoration beiseite legen, den Rest hacken und die Hälfte davon in die Sauce geben. Nach persönlichem Geschmack Chiliöl hinzufügen. Die Nudeln in die Sauce geben und 2 Minuten ziehen lassen. Nach Belieben mit Salz und Pfeffer abschmecken.

Die Shrimps

Die Butter in einer Pfanne zerlassen, den restlichen gehackten Koriander dazugeben und die Shrimps ganz kurz darin schwenken. Zum Schluss etwas Salz, Pfeffer und 1 Spritzer Zitronensaft hinzufügen. Die Glasnudeln auf Teller geben, die Shrimps darauf verteilen und mit den beiseite gelegten Korianderblättern garnieren.

Kochzeit 15 Minuten

Die Shrimps können Sie auch gegen Hähnchenfleisch und 1 Schuss Sojasauce austauschen. Ein bisschen mehr Weißwein und etwas weniger Chiliöl, schon haben Sie Glasnudeln süß-sauer!

Scampi mit Eiernudeln
UND GELBER PAPRIKA

Nur diese 4 Zutaten kaufen:

1 1/2 Packung Mie-Nudeln (ca. 125 g)
2 1 gelbe Paprikaschote
3 6 Scampi
4 Sojasauce

sowie Salz, 2 EL Butter, Pfeffer

Dass Fisch, Gemüse und Nudeln gemeinsam gebraten und mit etwas Sojasauce abgelöscht werden, kennt man von vielen Wok-Gerichten. In diesem Fall brauchen Sie allerdings keinen Wok — es geht auch in der Pfanne.

Die Vorbereitung

Die Nudeln in kochendes Salzwasser geben, kurz mit der Gabel durchrühren, aufkochen und 4 Minuten ziehen lassen. Anschließend abgießen, mit kaltem Wasser abschrecken und auf Küchenpapier abtropfen lassen. Die Paprikaschote waschen, halbieren, Stielansatz und Kerne entfernen und in Streifen schneiden. Die Scampi schälen und den Darm entfernen.

Die Zubereitung

Die Butter in einer großen Pfanne zerlassen. Scampi und Paprikastreifen dazugeben, mit Salz und Pfeffer würzen, kurz anbraten. Die Nudeln dazugeben, gut durchrühren, mit Salz und Pfeffer abschmecken und ca. 2 Minuten unter Rühren braten. Zum Schluss etwas Sojasauce hinzufügen. Alles auf Teller verteilen, eventuell noch etwas Sojasauce auf den Rand träufeln.

Kochzeit 15 Minuten

Sie können dieses Gericht auch mit anderem Gemüse ergänzen, etwa mit leicht süßlichem Lauch, herzhaften Pilzen oder knackigen Sprossen.

Miesmuscheln

MIT CHICORÉE UND KNOBLAUCHBAGUETTE

Nur diese 4 Zutaten kaufen:

1 2 Hand voll frische Miesmuscheln
2 2 Chicorée
3 2 Knoblauchzehen
4 1 Baguette

Basisprodukte:
1/2 Zwiebel, 2 EL Olivenöl,
1 großes Glas Weißwein
sowie Salz, Pfeffer, 2 EL Butter

Zugegeben, Muscheln sind eher ein Saisonprodukt, doch mittlerweile bekommt man fast sechs Monate im Jahr frische Miesmuscheln. Nicht nur, dass Muscheln sehr schnell zubereitet sind, sie sind auch die eleganteste Variante des Fingerfood.

Muscheln zum Ersten

Die Muscheln unter fließendem kalten Wasser gründlich säubern und den Bart entfernen. Bereits geöffnete Exemplare aussortieren.

Der Chicorée

Die äußeren Blätter entfernen, das untere Viertel abschneiden und die Blätter voneinander lösen. Zwei tiefe Teller mit Chicoréeblättern auslegen, die restlichen Blätter in Streifen schneiden.

Muscheln zum Zweiten

Die fein gewürfelte Zwiebel und 1 klein geschnittene Knoblauchzehe in 2 EL Olivenöl andünsten. Die abgetropften Muscheln dazugeben, salzen und pfeffern. Mit Wein ablöschen, die Chicoréestreifen hinzufügen und ca. 5 Minuten zugedeckt köcheln lassen. Die Muscheln sind fertig, wenn sie sich geöffnet haben. Nicht geöffnete aussortieren.

Das Baguette

Das Baguette in Scheiben schneiden und mit der in dünne Scheiben geschnittenen Knoblauchzehe in der Butter von beiden Seiten kross braten und warm halten. Die heißen Muscheln auf den Chicoréeblättern verteilen, den Fond aufkochen, abschmecken und über die Muscheln geben. Mit den Brotscheiben servieren.

Kochzeit 15 Minuten

Wenn Sie noch etwas Safran, Thymian, Tomatenwürfel und Fenchelstreifen in den Muschelfond geben, bekommt das Gericht die Note einer Bouillabaisse.

Tagliatelle mit Scampi
IN TOMATEN-ESTRAGON-SUD

Nur diese 4 Zutaten kaufen:

1 6 Scampi
2 3 reife Tomaten
3 2 Zweige Estragon
4 2 Portionen Tagliatelle

Basisprodukte:
1/2 Zwiebel, 1 EL Olivenöl,
1/2 Glas Weißwein, 1 Glas Brühe
sowie Salz, Pfeffer

*Das Zusammenspiel von Scampi, Sauce und Nudeln ist unschlagbar.
Aber statt der klassischen Sahnesauce servieren wir einen leichten, aromatischen
Sud, der herrlich nach blumigem Estragon duftet.*

Scampi und Sud

Die Zwiebel in feine Würfel schneiden und
in 1 EL Olivenöl andünsten, mit Weißwein
und Brühe ablösen und leicht köcheln
lassen (der Alkohol soll dabei verkochen).
Die Scampi schälen und den Darm entfernen. Die Tomaten vierteln, die Kerne entfernen und das Fruchtfleisch in Würfel
schneiden. Den Weinfond mit Salz und Pfeffer kräftig abschmecken, dann Scampi und
Tomaten dazugeben und 4 Minuten ziehen,
keinesfalls kochen lassen! Eventuell noch
etwas Brühe nachfüllen. Estragonblättchen
abzupfen und nicht zu fein hacken.

Die Nudeln

Die Tagliatelle in kochendem Salzwasser
al dente garen, abgießen und auf Teller verteilen. Die Scampi und Tomaten darauf
anrichten. Den Sud noch einmal aufkochen,
den gehackten Estragon hinzufügen und
heiß über die Scampi und Nudeln gießen.

**Kochzeit
15
Minuten**

Wenn Sie es etwas herzhafter mögen,
einfach die Scampi nach dem Garen
in je 1 Scheibe Parmaschinken wickeln
und kurz in Olivenöl anbraten.

Gebratene Nudelrouladen

MIT PAPRIKARAGOUT

Nur diese 4 Zutaten kaufen:

1. 4 Lasagneblätter
2. 1 Hand voll gemischtes Hackfleisch
3. 2 orangefarbene Paprikaschoten
4. 1 Kopf Friséesalat

Basisprodukte: 1 Ei, 5 EL Olivenöl, 2 Tassen Brühe, 2 EL Balsamico-Essig sowie Salz, Pfeffer, 1 EL Ketchup, 1 EL Butter, Stärke

Wenn Sie keine orangefarbenen Paprikaschoten bekommen, können Sie auch rote (am intensivsten), gelbe (lieblicher und etwas süßer) oder grüne (kantiger) Paprika für dieses Rezept verwenden. Orangefarbene Paprikaschoten schmecken ähnlich wie gelbe.

Die Nudelrouladen

Die Lasagneblätter in kochendem Salzwasser bissfest garen, einzeln mit dem Schaumlöffel herausheben, in kaltem Wasser abschrecken und mit Küchenpapier trockentupfen. Dünn mit verquirltem Ei bestreichen. Die Hackfleischmasse mit Salz, Pfeffer und Ketchup abschmecken und darauf verteilen. Die Lasagneblätter zusammenrollen und mit einem scharfen Messer in fingerdicke Scheiben schneiden. In einer Pfanne in der Butter von beiden Seiten jeweils 1 Minute braten und warm halten.

Das Paprikaragout

Die Paprikaschoten mit dem Sparschäler schälen, halbieren, Stielansätze und Kerne entfernen, dann in Würfel schneiden. Die Paprikawürfel in 2 EL Olivenöl andünsten und mit 1 Tasse Brühe aufgießen. Mit Salz und Pfeffer würzen. Etwas Stärke mit Wasser anrühren und nach ca. 2 Minuten das Ragout damit binden.

Salat und Dressing

Will man vom Friséesalat nur die lieblichen gelben Blätter haben, muss man etwas verschwenderisch sein, d. h. nur die inneren Blätter verwenden. Diese waschen und trockenschleudern. Für das Dressing den Balsamico, 1 Tasse Brühe, 3 EL Olivenöl sowie Salz und Pfeffer verrühren. Die Nudelrouladen auf dem Paprikaragout anrichten und mit dem marinierten Frisée garnieren.

Kochzeit 15 Minuten

Statt des Frisées mit seinem leicht bitteren Aroma können Sie auch zarte Kopfsalatherzen nehmen.

Chicken Wings
MIT CHILI-TOMATEN

Nur diese 4 Zutaten kaufen:

1. 15 Hähnchenflügel (fertig gewürzt)
2. 4 Tomaten
3. 1 kleines Döschen Safranfäden
4. 1–2 rote Chilischoten

Basisprodukte:
2 EL Olivenöl
sowie Mehl, Öl zum Braten, Salz

Chicken Wings haben einen hohen Spaßfaktor: Sie sind schnell und unkompliziert zubereitet, man kann sie mit den Fingern essen und je nach Lust und Laune mit den verschiedensten Dipsaucen servieren. Auch als Snack im Stehen oder für Grillpartys eignen sie sich bestens.

Die Chicken Wings

Die Hähnchenflügel am Gelenk teilen (das klingt sehr einfach und ist es im Grunde auch, nur braucht man zwei oder drei Flügel, bis man den Trick raus hat. Also einfach in der Mitte den Flügel durchschneiden). Die Flügel leicht mit Mehl bestäuben und von beiden Seiten in reichlich Öl ca. 5 Minuten braten. Im vorgeheizten Backofen bei 130 °C (Umluft 110 °C) heiß halten.

Die Chili-Tomaten

Eine Tomate halbieren, die Kerne mit einem Teelöffel entfernen, beide Tomatenhälften leicht würzen und im vorgeheizten Backofen bei 130 °C (Umluft 110 °C) ca. 6 Minuten erhitzen. Die restlichen Tomaten vierteln, die Kerne entfernen und das Fruchtfleisch nochmals durchschneiden. 2 EL Olivenöl erhitzen und die Tomaten darin zusammen mit Chili und Safranfäden einköcheln lassen. Mit Salz abschmecken. Je länger die Chilis in dem Tomatenragout bleiben, umso schärfer wird es. Wer es ganz scharf mag, kann die Schoten halbieren, entkernen, in Streifen schneiden und in das Ragout geben. Die Chili-Tomaten in die Tomatenhälften füllen und mit den Chicken Wings servieren.

Kochzeit 15 Minuten

Safran gibt den Tomaten einen orientalischen Touch. Ersatzweise können Sie fast alle Kräuter oder fein geschnittene Schalotten verwenden.

Gebackener Camembert

MIT GLASIERTEN WEINTRAUBEN

Nur diese 4 Zutaten kaufen:

1. 2 Camemberts (80–100 g)
2. 1 Hand voll Semmelbrösel
3. 1 kleine Traube Weintrauben
4. 1 kleiner Kopf Radicchio

Basisprodukte:
2 Eier, 1 Schuss Weißwein
sowie 3 EL Mehl, 1/2 EL Zucker,
3 EL Butter, Pfeffer

Mit Käsespießchen zu später Stunde kann man seine Gäste stets erfreuen.
Aber auch zu einem Glas Wein sind die leckeren Häppchen willkommen.
Die warm servierten Überraschungsspieße hier sind ein eigenständiges Gericht.

Die Camemberts

Die Camemberts in jeweils 8 Stücke schneiden. In Mehl wenden, in die verquirlten Eier tauchen und mit Semmelbröseln panieren. Nochmals in Ei tauchen und wieder Semmelbrösel andrücken (durch das doppelte Panieren wird die Panade dicker und der Käse läuft beim Braten nicht so schnell aus). Die Camembertstücke in einer Pfanne in 2 EL Butter rasch von allen Seiten goldbraun braten. Auf Küchenpapier abtropfen lassen und im Backofen bei 50 °C warm halten.

Die Weintrauben

Die Trauben von den Stielen zupfen und waschen. 1 EL Butter, Zucker und Weißwein etwas einkochen lassen. Die Trauben darin ca. 1 Minute leicht köcheln und glasieren lassen. Für etwas kräftigeren Geschmack nach Belieben mit grob gemahlenem schwarzen Pfeffer würzen.

Der Radicchio

Vom Radicchio die äußeren Blätter entfernen. Das Herz in kleine Stücke zupfen, kurz in lauwarmem (entzieht die Bitterstoffe), dann in kaltem Wasser waschen und trockentupfen. Zwei Teller mit Radicchioblättern auslegen, einen Teil der glasierten Trauben und der Camembertstücke darauf verteilen. Den Rest mit einigen Radicchiostückchen auf Holzspieße stecken und dazu legen.

Kochzeit 15 Minuten

Statt Camembert können Sie auch Mozzarella panieren, den Sie dann mit Kirschtomaten und Rucola, beides kurz in Olivenöl erwärmt, servieren.

Pfirsich-Minze-Salat

MIT PROSECCO-SABAYON

Nur diese 4 Zutaten kaufen:

1. 3 Pfirsiche
2. 1 Zweig Minze
3. 1 EL Kokosraspel
4. 1 großes Glas Prosecco

Basisprodukte:
1 Ei
sowie 3 EL Zucker, 1/2 EL Butter

Prosecco mit Pfirsich ist ein Cocktail, der voll im Trend liegt. Eine große Rolle spielen Pfirsiche in Kombination mit Süßwein oder Prosecco aber auch in der italienischen Dessert-Küche. Deshalb hier ein italienisch inspiriertes Gericht.

Die Pfirsiche

Die Pfirsiche gut waschen, halbieren und den Kern entfernen. Zwei Pfirsichhälften mit je 1/2 EL Zucker bestreuen und im Backofen bei 120 °C (Umluft 90 °C) erwärmen. Die restlichen Pfirsichhälften in möglichst gleich große Stücke, die Minze in Streifen schneiden. Die Butter in einer Pfanne zerlassen, die Kokosraspel dazugeben und unter ständigem Rühren bei mittlerer Hitze leicht bräunen. Pfirsichstücke und Minze dazugeben und kurz durchrühren – die Pfirsichstückchen sollten lauwarm sein.

Das Sabayon

Das Ei, 2 EL Zucker und den Prosecco mit einem Schneebesen in einer Metallschüssel verrühren. Über einem heißen Wasserbad zu einem schaumigen Sabayon aufschlagen. Sofort in zwei tiefe Teller geben. Die Pfirsichhälften in die Sauce setzen und die Pfirsichstücke mit der Minze dekorativ darauf anrichten.

Kochzeit 15 Minuten

Das Geschmacksgeheimnis dieses Sabayons liegt in der Qualität des Prosecco. Wenn Sie etwas Champagner übrig haben, tun Sie sich keinen Zwang an – es lohnt sich!

Flambierte Ananas

MIT SCHOKOLADENEIS

Nur diese 4 Zutaten kaufen:

1. 1 kleine Ananas
2. 2 EL Rosinen
3. 2 Schnapsgläser Rum (54 %)
4. Schokoladeneis

sowie Zucker

Rum und Ananas sind ideale Partner — das weiß jeder, der gerne Cocktails trinkt. Und Schokoladenfans wissen, dass Schokolade, Rum und Rosinen hervorragend zusammenpassen. Hier einmal eine ganz andere Kombination: Rosinen und Schokoladeneis mit fruchtiger Ananas, das Ganze flambiert mit Rum.

Die Ananas

Die Ananas gründlich schälen und in möglichst gleich große Stücke schneiden. Falls Ihnen die Ananas nicht süß genug ist, streuen Sie noch etwas Zucker darüber.

Rosinen und Eis

Die Rosinen in lauwarmem, gesüßtem Wasser etwas quellen lassen. Wer will, gibt noch 1 Spritzer Rum hinzu. Vier Eiskugeln formen und diese im Gefrierfach nochmals 5 Minuten gut durchkühlen lassen.

Das Flambieren

Die Ananasstücke mit den Rosinen in tiefe Teller verteilen und die Eiskugeln darauf setzen. Den Rum (Zimmertemperatur) in eine Schöpfkelle geben und – jetzt wird's spannend! – anzünden. Brennend über die Ananas gießen und sofort servieren.

Kochzeit 15 Minuten

Natürlich können Sie den Rum auch in der Pfanne statt in der Kelle anzünden. Wichtig ist, dass der Alkohol hochprozentig ist, dann brennt er schneller und länger.

Kochzeit

Minuten

20

Parmaschinken

IN BLÄTTERTEIG MIT MELONEN-EISBERGSALAT

Nur diese 4 Zutaten kaufen:

1. 1 Platte Blätterteig (TK)
2. 10 dünne Scheiben Parmaschinken
3. 2 Kantalupmelonen
4. 1 Kopf Eisbergsalat

Basisprodukte:
1 Ei, 2 EL Balsamico-Essig, 1 Tasse Brühe,
3 EL Olivenöl
sowie Mehl, Salz, Pfeffer

*Melone mit Parmaschinken ist eine so beliebte klassische Kombination,
dass es richtig Spaß macht, eine raffinierte Variante zu kreieren – zum Beispiel
mit knusprigem Blätterteig und knackigem Eisbergsalat.*

Der Blätterteig

Den Blätterteig auftauen lassen und mit
etwas Mehl auf gut die doppelte Größe ausrollen. Mit 8 Scheiben Parmaschinken
gleichmäßig belegen und die Teigenden mit
etwas verquirltem Ei bestreichen. Den Blätterteig zu einer Roulade zusammenrollen,
die Enden gut andrücken. Vorsichtig fingerdicke Scheiben abschneiden, den Teig dabei
nicht zusammendrücken. Die Schnecken
auf ein mit Backpapier ausgelegtes Backblech
legen und im vorgeheizten Backofen bei
180 °C (Umluft 160 °C) ca. 8 Minuten goldbraun backen.

Melonen und Salat

Eine Melone quer durchschneiden oder
mit einem spitzen Messer im Zickzack bis
zur Mitte einstechen und die so entstande-
nen Hälften mit einem Löffel entkernen.
Die zweite Melone halbieren, schälen und
entkernen. Das Fruchtfleisch in kleine Würfel schneiden. Den Salat putzen, waschen,
trockenschleudern und in Streifen schneiden. Balsamico, Brühe, Salz, Pfeffer und
Olivenöl zu einer Vinaigrette verrühren.
Den Salat mit der Vinaigrette marinieren
und in die Melonenhälften füllen. Mit Melo-
nenstücken umlegen, diese ebenfalls mit
etwas Vinaigrette beträufeln. Die Schinken-
schnecken dazulegen und mit den restlichen
beiden Schinkenscheiben garnieren.

Kochzeit 20 Minuten

Probieren Sie auch einmal eine andere
Melonensorte aus. Je nach Melonen-
typ wird das Gericht einen anderen
Charakter bekommen.

Tintenfischringe
MIT KNOBLAUCH-SABAYON

Nur diese 4 Zutaten kaufen:

1. 1 Bund Rucola
2. 1 Salatgurke
3. ca. 400 g panierte Tintenfischringe (TK)
4. 1 Knoblauchzehe

Basisprodukte:
2 Eier, je 1 Schuss Weißwein
und Brühe
sowie Öl zum Frittieren, Salz, Pfeffer

Dass Knoblauch und Calamares zusammengehören, ist ja bekannt. Doch anstatt zusätzliche Kalorien in Form von Mayonnaise ins Spiel zu bringen, habe ich mich für die leichte Variante des Sabayons entschieden: Ihre Waage wird es Ihnen danken. Um den Gaumen zu erfrischen, kommen noch Gurkenwürfel hinzu, die ebenfalls hervorragend mit Knoblauch harmonieren.

Rucola und Gurke

Den Rucola unter fließendem kalten Wasser waschen und gut trockenschütteln. Welke Blätter entfernen und das untere Drittel der Stiele abschneiden. Die Gurke schälen und längs halbieren. Das Kerngehäuse mit einem Löffel herauskratzen und das Gurkenfleisch in Würfel schneiden.

Die Tintenfischringe

In einem Topf 5 bis 6 cm hoch Öl erhitzen und die panierten Tintenfischringe darin portionsweise goldbraun frittieren. Auf Küchenpapier abtropfen lassen und im vorgeheizten Backofen bei 140 °C (Umluft 120 °C) heiß halten.

Das Sabayon

In einer Metallschüssel die Eier, den Weißwein, die Brühe und den durchgepressten Knoblauch vermischen. Mit 1 Prise Salz und etwas Pfeffer würzen und mit dem Schneebesen über einem heißen Wasserbad schaumig aufschlagen. Zum Servieren die Tintenfischringe jeweils in der Mitte des Tellers wie einen Turm aufeinander stapeln und die Rucolablätter darin wie Sträußchen anrichten. Die restlichen Tintenfischringe und die Gurkenwürfel daneben verteilen und mit dem Knoblauch-Sabayon übergießen.

Kochzeit 20 Minuten

Achten Sie unbedingt darauf, dass die Tintenfischringe heiß serviert werden – ansonsten können sie sehr zäh werden.

Kartoffelscheiben

MIT FORELLENCREME

Nur diese 4 Zutaten kaufen:

1. 1/2 Salatgurke
2. 2 geräucherte Forellenfilets
3. 3 EL Crème fraîche
4. 1 Kopf Friséesalat

Basisprodukte: 2 Kartoffeln, 1 Schuss Sahne, 1/2 Zitrone, 2 EL Balsamico-Essig, 1 Tasse Brühe, 3 EL Olivenöl sowie Öl zum Braten, Salz, Pfeffer

Gebratene Kartoffelscheiben schmecken fast wie Pommes frites, lassen sich aber viel edler variieren – zum Beispiel mit einer Creme aus geräucherten Forellenfilets. Und sie sind schnell gemacht, wenn überraschend Gäste kommen.

Kartoffeln und Gurke

Die Kartoffeln gründlich waschen, in 8 bis 10 cm dicke Scheiben schneiden und in reichlich Öl von beiden Seiten goldbraun braten. Anschließend auf Küchenpapier abtropfen lassen und im vorgeheizten Backofen bei ca. 50 °C warm halten. Die Gurke schälen, längs halbieren und entkernen. Die eine Hälfte in Würfel, die andere für die Dekoration in Stäbchen schneiden.

Die Forellencreme

Von den Forellenfilets einige schöne Stücke vom Mittelstück als Garnitur herausschneiden. Das restliche Filet in feine Würfel schneiden, mit den Gurkenwürfeln vermischen und mit Crème fraîche und Sahne zu einer Creme verrühren. Mit 1 Spritzer Zitronensaft und etwas Salz und Pfeffer abschmecken.

Der Salat

Vom Friséesalat die lieblichen gelben Blätter im Herz herausschneiden und in kaltem Wasser waschen. Balsamico, Brühe, Salz, Pfeffer und Olivenöl zu einer Vinaigrette verrühren. Auf die warmen Kartoffelscheiben jeweils 1 Nocke Forellencreme geben, mit einem Filetstück und den gesalzenen Gurkenstäbchen garnieren. Den Frisée mit der Vinaigrette marinieren und dekorativ dazu anrichten.

Kochzeit 20 Minuten

Die gebratenen Kartoffelscheiben sind nicht nur eine herzhafte Vorspeise; sie eignen sich auch hervorragend als Party-Fingerfood.

Sellerie-Lasagne

MIT BRATWURST IN MAISSAUCE

Nur diese 4 Zutaten kaufen:

1. 1 kleine Sellerieknolle
2. 4 grobe Bratwürste
3. 1 kleine Dose Mais
4. 1 EL süßer Senf

Basisprodukte:
je 1 Tasse Sahne und Brühe,
1 Schuss Weißwein
sowie Salz, 2 EL Butter, Pfeffer

Bei Lasagne denkt jeder an breite Nudelblätter, die man abwechselnd mit Hackfleischfüllung schichtet. Dieses Rezept ist quasi die deutsche Variante des italienischen Klassikers: Selleriescheiben werden mit Bratwurstfleisch gestapelt. Unkonventionell, aber auch nicht zu verachten!

Der Sellerie

Die Sellerieknolle so schälen, dass die runde Form erhalten bleibt. Die Knolle in möglichst dünne Scheiben schneiden und diese ca. 1 Minute in kochendem Salzwasser blanchieren. Kalt abschrecken und auf Küchenpapier abtropfen lassen.

Die Lasagne

Für die Füllung die Bratwursthaut einritzen und vom Fleisch abziehen. Das Brät auf den Selleriescheiben (bis auf 2 Scheiben) verteilen und flach streichen. Die Sellerie-Fleisch-Blätter der Größe nach in zwei Portionen aufeinander schichten, mit den beiseite gelegten Selleriescheiben abschließen. Mit Butterflocken belegen und im vorgeheizten Backofen bei 180 °C (Umluft 160 °C) ca. 10 Minuten garen.

Die Maissauce

Die Hälfte der Maiskörner in 1 EL Butter andünsten. Mit Sahne, Brühe und Weißwein aufgießen und zugedeckt ca. 3 Minuten leicht köcheln lassen. Mit dem Stabmixer kurz pürieren und durch ein Sieb gießen. Die Sauce zurück auf den Herd stellen, eventuell etwas Brühe nachgießen, mit Salz, Pfeffer und Senf abschmecken. Die übrigen Maiskörner dazugeben und erneut aufkochen. Die Sellerie-Lasagne mit der Maissauce anrichten, eventuell mit einem schönen Sellerieblatt garnieren.

Kochzeit 20 Minuten

Statt Sellerie können Sie auch dünne, gekochte Scheiben einer großen Kartoffel nehmen und auch einmal die Bratwurstsorte variieren.

Rotbarschfilet
AUF BROKKOLI MIT TOMATENTAGLIATELLE

Nur diese 4 Zutaten kaufen:

1 1 kleiner Brokkoli
2 2 Rotbarschfilets (à ca. 150 g)
3 1 Zweig Rosmarin
4 1 Hand voll Tomatentagliatelle

Basisprodukte: 1/2 Zitrone, Olivenöl, 1 große Tasse Brühe, 1 Schuss Weißwein sowie 3 EL Butter, Salz, Pfeffer, Stärke

Fisch ist wegen seiner zarten Aromen etwas anspruchsvoller in der Zubereitung als Fleisch. Der Rotbarsch wird in diesem Rezept mit Rosmarin gespickt, damit sich die herrlichen Kräuteraromen während des Garprozesses im Fischfleisch optimal entfalten können.

Der Brokkoli

Den Brokkoli in große Röschen teilen und insgesamt 6 dicke Scheiben – quasi das Brokkoliherz – aus den Röschen schneiden. Den restlichen Brokkoli in möglichst gleich große Stücke schneiden und beiseite stellen. In einer Pfanne 2 EL Butter zerlassen und die Brokkolischeiben darin bei mittlerer Hitze von beiden Seiten kurz braun anbraten, mit Salz und Pfeffer würzen.

Der Fisch

Die Fischfilets in 12 möglichst gleich große Stücke schneiden, mit Salz, Pfeffer und etwas Zitronensaft würzen. Jeweils 2 Stücke aufeinander legen und mit Rosmarinnadeln zusammenstecken, dabei eventuell ein spitzes Messer zur Hilfe nehmen. Die Fisch-

stücke auf die gebratenen Brokkolischeiben setzen, mit etwas Olivenöl beträufeln und im vorgeheizten Backofen bei 175 °C (Umluft 150 °C) ca. 8 Minuten garen.

Nudeln und Sauce

Die Tomatentagliatelle in kochendem Salzwasser al dente garen, dann kalt abschrecken. Den restlichen Brokkoli in etwas Butter anbraten, mit Brühe und Weißwein auffüllen und kurz köcheln lassen. Salzen, pfeffern und mit etwas Stärke binden. Kurz vor dem Anrichten die Nudeln darin erwärmen. Die Tomatennudeln mit dem Gemüsefond anrichten, mit Rosmarin garnieren und den Rotbarsch dazusetzen.

Kochzeit **20** Minuten

Wenn Kohl in Butter gebraten wird, entwickeln sich herrliche Röstaromen. Verwenden Sie statt Brokkoli auch einmal Blumenkohl oder Romanesco.

Lachs im Röstimantel

AUF GURKENSTREIFEN

Nur diese 4 Zutaten kaufen:

1. 2 Lachsfilets (à ca.150 g)
2. 1 Salatgurke
3. 3 Zweige Dill
4. 1 Becher Naturjoghurt

Basisprodukte:
2 Kartoffeln, Olivenöl, 1/2 Zitrone
sowie Salz, Pfeffer

Dieses Gericht mag auf den ersten Blick an einen Hamburger oder Fisch-Mac erinnern. Geschmacklich hat es jedoch alles, was man sich nur wünschen kann: knusprige Kartoffeln, saftiges, zartes Fischfilet, herrlich knackige Gurken und erfrischenden Joghurtschaum.

Der Lachs

Die Kartoffeln schälen und auf der groben Seite der Reibe raspeln, mit Salz und Pfeffer würzen. Den Lachs ebenfalls salzen und pfeffern. Nun die Fischfilets auf beiden Seiten möglichst gleichmäßig ca. 1 cm dick mit der ausgedrückten Kartoffelmasse belegen. In einer Pfanne in 2 EL Olivenöl bei kleiner Hitze von beiden Seiten braten, bis die Kartoffeln knusprig und goldbraun sind (die Hitze reicht aus, um auch den Fisch zu garen). Der Röstimantel wird umso krosser, je langsamer er brät!

Gurke und Joghurtschaum

Die Gurke schälen. Mit dem Sparschäler ringsherum lange Streifen herunterziehen, bis Sie auf die Kerne treffen. Die Dillspitzen abzupfen und in kaltes Wasser legen. Den Joghurt mit Salz, Pfeffer und Zitronensaft mit dem Stabmixer schaumig aufschlagen. Die Gurkenstreifen leicht salzen (dies geschieht erst kurz vor dem Anrichten, damit die Streifen schön knackig sind) und jeweils in die Mitte der Teller geben. Den Lachs darauf setzen, den Joghurtschaum darum verteilen und mit den abgetropften Dillspitzen garnieren.

Kochzeit 20 Minuten

Zusätzliches Aroma bekommt das Gericht, wenn Sie eine Knoblauchzehe in das Bratöl des Lachses geben.

Scampi in Teigstreifen

AUF RUCOLA-TOMATEN-GEMÜSE

Nur diese 4 Zutaten kaufen:

1 6 Scampi
2 3 Blätter Frühlingsrollenteig (TK)
3 1 Hand voll Kirschtomaten
4 1 Bund Rucola

Basisprodukte:
Olivenöl zum Frittieren
sowie Salz, Pfeffer

Dass Scampi im Teigmantel lecker schmecken, ist bekannt. Der Nachteil ist jedoch, dass die Meerestiere im Schutz des Teiges keine eigenen Röstaromen entwickeln können. Also warum nicht ein bisschen Fleisch aus dem Teig blitzen lassen?

Die Scampi

Die Teigblätter auftauen lassen. In einem Topf etwa 7 cm hoch Olivenöl erhitzen. Die Scampi schälen, längs halbieren und den Darm entfernen. Dann in kleine Würfel schneiden und mit Salz und Pfeffer würzen. Die Teigblätter zusammenrollen, in feine Streifen schneiden und diese locker aufschütteln. Aus den Scampiwürfeln mit den Händen zwei Kugeln formen und gut zusammendrücken. Die Kugeln in den Teigstreifen wälzen, bis genügend Streifen daran haften bleiben. Einzeln im heißen Öl kross und goldbraun frittieren. Im vorgeheizten Backofen bei 120 °C (Umluft 90 °C) auf Küchenpapier noch 3 Minuten fertig garen bzw. heiß halten. Restliche Teigstreifen mitfrittieren.

Das Gemüse

Die Kirschtomaten waschen und halbieren. Etwas Olivenöl in einer Pfanne erhitzen, die Tomaten dazugeben, mit Salz und Pfeffer würzen und ca. 2 Minuten einköcheln lassen. Inzwischen den Rucola putzen, unter fließendem kalten Wasser waschen, trockenschütteln und in feine Streifen schneiden. Kurz vor dem Anrichten unter die Tomaten rühren. Das Rucola-Tomaten-Gemüse sofort mit den Scampi anrichten.

Kochzeit 20 Minuten

Achten Sie darauf, dass der Rucola nur ganz kurz erhitzt wird, denn seine zarten Aromen verfliegen schnell.

Kabeljau in Pfifferlingsud
MIT KORIANDER-SPAGHETTI

Nur diese 4 Zutaten kaufen:

1. 1 gute Hand voll Pfifferlinge
2. 6 Stücke Kabeljaufilet (à ca. 50 g)
3. 2 Portionen Spaghetti
4. 4 Zweige Koriander

Basisprodukte: 1/2 Zwiebel, 2 EL Olivenöl, je 1 großes Glas Weißwein und Brühe sowie Salz, Pfeffer, 1 EL Butter, Stärke

Kabeljau ist in vielen Variationen im Handel: vom klassischen Fischstäbchen über Schlemmerstücke mit würziger Kruste bis zum frischen Filet. Aus Qualitätsgründen sollten Sie die Filetstücke möglichst bei einem guten Fischhändler kaufen. Sie werden erstaunt sein, wie fein und gut Kabeljau sein kann!

Pilzsud und Fisch

Die Pfifferlinge putzen. Sehr sandige Pilze in reichlich kaltem Wasser waschen und auf Küchenpapier abtropfen lassen. Große Pfifferlinge halbieren bzw. zerkleinern. Die Zwiebel in Würfel schneiden und kurz in 2 EL Olivenöl andünsten. Die Pilze dazugeben, ebenfalls kurz anbraten und mit Salz und Pfeffer würzen. Mit Weißwein und Brühe ablöschen und zugedeckt ca. 2 Minuten köcheln lassen. In der Zwischenzeit die Fischstücke salzen und pfeffern. Den Sud abschmecken. Die Kabeljaustücke in den nicht mehr kochenden, aber noch heißen Fond legen und bei kleiner Hitze ca. 5 Minuten glasig pochieren.

Die Spaghetti

Die Spaghetti in kochendem Salzwasser al dente garen. Anschließend in der zerlassenen Butter mit dem gehackten Koriander schwenken. Die Spaghetti in tiefe Teller verteilen. Den Kabeljau vorsichtig aus dem Fond nehmen, leicht nachwürzen und auf den Spaghetti anrichten. Den Fond nochmals aufkochen und nach Belieben mit wenig Stärke binden. Den heißen Sud mit den Pfifferlingen über die Spaghetti und den Fisch geben.

Kochzeit 20 Minuten

Der Koriander mit seinem starken Aroma dominiert dieses Gericht. Sie können ihn aber auch durch Ihr Lieblingskraut ersetzen, eigentlich passt hier alles!

Zander-Cannelloni

AUF LAUCHRAGOUT

Nur diese 4 Zutaten kaufen:

1 4 Lasagneblätter
2 1 Zanderfilet (ca. 300 g)
3 1 Stange Lauch
4 1 Bund Kerbel

Basisprodukte: 1/2 Zitrone, 1 Ei, je 1 Glas Weißwein und Sahne sowie Salz, Pfeffer, 2–3 EL Butter

Zander ist ein Allround-Künstler, er schmeckt pochiert, gebraten oder gebacken. Als Hommage an den besten deutschen Süßwasserfisch habe ich ihn in einen Nudelmantel gekleidet – besser klingt natürlich Cannelloni! Genauso können Sie mit vielen anderen Fischen verfahren und auch die Gewürze nach Belieben variieren.

Die Cannelloni

Die Lasagneblätter in kochendem Salzwasser weich kochen, einzeln mit dem Schaumlöffel herausheben, kalt abschrecken und mit Küchenpapier trockentupfen. Inzwischen das Zanderfilet in Würfel schneiden, mit Salz, Pfeffer und Zitronensaft würzen. Das Fischfleisch auf den Lasagneblättern verteilen, mit verquirltem Ei einstreichen und möglichst straff zu Cannelloni zusammenrollen. Die Cannelloni in eine gefettete Auflaufform setzen, mit Butterflocken belegen und mit Alufolie abgedeckt im vorgeheizten Backofen bei 180 °C (Umluft 160 °C) 8 Minuten garen.

Das Lauchragout

Vom Lauch die Wurzeln und die groben dunkelgrünen Blätter entfernen. Den Rest in Ringe schneiden und in reichlich kaltem Wasser gründlich waschen. In einem Topf 1 EL Butter zerlassen und den Lauch darin andünsten. Mit Salz und Pfeffer würzen, mit Weißwein und Sahne ablöschen. Das Ragout ca. 4 Minuten leicht köcheln lassen, bis der Lauch eben weich ist. Zum Schluss etwas gehackten Kerbel dazugeben. Die Cannelloni mit dem Lauchragout anrichten und mit dem restlichen Kerbel garnieren.

Kochzeit 20 Minuten

Für besondere Anlässe: Eine edle Note bekommt das Lauchragout, wenn Sie es mit 1 Schuss Champagner oder Sekt zubereiten.

Kabeljaumedaillons
MIT KARTOFFELKRUSTE

Nur diese 4 Zutaten kaufen:

1 1 Hand voll Steinpilze
2 1 Bund Schnittlauch
3 1 Hand voll Feldsalat
4 1 Kabeljaufilet (ca. 300 g)

Basisprodukte: 1/2 Zwiebel, 5 EL Olivenöl, 1/2 Glas Weißwein, 1 Glas Brühe, 1 Tasse Sahne, 2 Kartoffeln sowie Salz, Pfeffer

Der Steinpilz ist einer der beliebtesten Pilze, daher darf er in diesem Buch nicht fehlen. Leider hat er nur kurze Zeit Saison (September), Sie können das Rezept aber genauso gut mit getrockneten Steinpilzen zubereiten. Für die nötige Raffinesse sorgt der Feldsalat, der mit seinem nussigen Aroma hervorragend zu den Pilzen passt.

Der Steinpilzfond

Die Pilze putzen und in feine Streifen schneiden. Die Zwiebel in Würfel schneiden und in 2 EL Olivenöl andünsten. Die Pilze dazugeben und kurz anbraten. Mit Salz und Pfeffer würzen, mit Weißwein und Brühe aufgießen und 5 Minuten köcheln lassen. Die Sahne dazugeben, aufkochen und den Fond mit dem Stabmixer pürieren. Mit Salz und Pfeffer abschmecken und kurz vor dem Servieren den fein geschnittenen Schnittlauch und abgezupfte, gewaschene Feldsalatblätter hineingeben. Einige Feldsalatblätter für die Dekoration beiseite legen.

Der Fisch

Das Fischfilet in 6 möglichst gleich große Stücke teilen. Die Kartoffeln schälen und auf der Reibe grob raspeln. Die Kartoffelraspel ebenso wie den Fisch mit Salz und Pfeffer würzen. Die Kartoffelmasse leicht ausdrücken und auf den Filets verteilen. In einer Pfanne in 3 EL Olivenöl bei kleiner Hitze auf der Kartoffelseite braten, bis sie knusprig und goldbraun ist. Die Hitze beim Braten der Kruste reicht aus, um den Kabeljau glasig zu garen. Falls nicht, den Fisch wenden und kurz auf der anderen Seite braten. Den Kabeljau mit dem Pilzfond anrichten und mit Feldsalatblättern garnieren.

Kochzeit 20 Minuten

Die Steinpilze können Sie je nach Saison und Angebot durch frische Champignons, Egerlinge, Pfifferlinge oder Austernpilze ersetzen.

Rotbarschfilet

MIT BROTHAUBE AUF RADIESCHEN-SENF-SAUCE

Nur diese 4 Zutaten kaufen:

1. 2 Rotbarschfilets (à ca. 150 g)
2. 3 Scheiben Toastbrot
3. 2 EL mittelscharfer Senf
4. 1 Bund Radieschen

Basisprodukte: 1/2 Zitrone, 1 Ei, je 1 Tasse Brühe und Sahne sowie Salz, Pfeffer, ca. 1 EL Mehl, 2-3 EL Butter

Die Kombination Fisch und Radieschen mag etwas gewagt erscheinen. Doch keine Angst: Die kleinen, roten »Geschmacksbomben« verlieren bei kurzem Abkochen viel von ihrem kresse-scharfen Aroma, ohne anschließend charakterlos zu wirken.

Der Fisch

Die Fischfilets mit Salz, Pfeffer und etwas Zitronensaft würzen. Die Brotscheiben entrinden und in nicht zu feine Würfel schneiden. Nun den Fisch von einer Seite mit Mehl bestäuben, anschließend mit der Mehlseite in das verquirlte Ei legen und mit der Eiseite auf die Brotwürfel drücken. Dabei darauf achten, dass die Brotwürfel eng beieinander liegen, damit eine geschlossene Brotwürfelhaube entsteht. Die Butter in einer Pfanne zerlassen und den Rotbarsch auf der Croûtonseite bei mittlerer Hitze so lange braten, bis die Brotwürfel goldbraun sind. Das Fischfilet wenden. Im vorgeheizten Backofen bei 160 °C (Umluft 140 °C) ca. 5 Minuten fertig garen.

Die Senfsauce

In einem kleinen Topf die Brühe und die Sahne aufkochen, mit Salz und Pfeffer abschmecken. Den Senf dazugeben, die Sauce mit dem Stabmixer kurz aufschäumen und beiseite stellen.

Die Radieschen

Die Radieschen putzen, waschen und vierteln. Kurz vor dem Anrichten die Radieschen ca. 30 Sekunden in kochendem Salzwasser blanchieren, anschließend sofort heiß auf die Teller geben. Die Radieschen mit der aufgeschäumten Senfsauce übergießen und den Fisch darauf anrichten.

Kochzeit 20 Minuten

Als Variante können Sie auch Schweinekoteletts mit Brothaube zubereiten. Dann ersetzen Sie das Toastbrot am besten durch herzhaftes Schwarzbrot.

Schweinemedaillons

MIT MANGO-CURRY-RAGOUT

Nur diese 4 Zutaten kaufen:

1 300 g Schweinefilet
2 1 Hand voll Chilispaghetti
3 1 kleine Mango
4 1 EL Currypulver

Basisprodukte: Olivenöl, 1 Zwiebel, 1 Schuss Weißwein, 1 große Tasse Brühe sowie Salz, Pfeffer, 2 EL Butter

Schweinefilet wird gern mit fruchtigen Aromen kombiniert – nicht nur in der asiatischen Küche. In diesem Rezept sorgen frische Mango, blumig-würziger Curry und scharfe Chilispaghetti für den besonderen Pfiff.

Die Medaillons

Das Schweinefilet in 6 möglichst gleich dicke Scheiben schneiden, salzen und pfeffern. In einer Pfanne in 1 EL Olivenöl rundherum scharf anbraten. Im vorgeheizten Backofen bei 120 °C (Umluft 100 °C) ca. 12 Minuten rosa garen.

Die Spaghetti

Die Chilispaghetti in kochendem Salzwasser al dente garen. In einem Sieb gut abtropfen lassen und kurz vor dem Servieren in 1 EL zerlassener Butter erwärmen.

Das Ragout

Die Zwiebel in feine Würfel schneiden. Die Mango schälen und in etwas gröbere Würfel schneiden. In einem Topf 1 EL Butter zerlassen und die Zwiebeln darin andünsten. Mit Currypulver bestäuben und mit etwas Weißwein ablöschen. Die Brühe dazugeben und einkochen lassen. Nun die Mangowürfel hinzufügen und köcheln lassen, bis die Früchte leicht verkocht sind. Das Ragout mit Salz, Pfeffer und etwas Weißwein abschmecken. Die Spaghetti zu Nestern aufrollen und mit dem Ragout und den Filetscheiben anrichten.

Kochzeit 20 Minuten

Das Rezept lässt sich leicht variieren, wenn man statt des Schweinefilets Hähnchen- oder Perlhuhnbrust verwendet.

Kalbsrouladen
MIT NUDELN UND GORGONZOLASAUCE

Nur diese 4 Zutaten kaufen:

1. 2 Tranchen Kalbsrücken (à ca. 150 g)
2. 2 kleine Bund Rucola
3. 2 Hand voll Penne
4. 2 EL zerkleinerter Gorgonzola

Basisprodukte:
Olivenöl, 1/2 Zwiebel, 1 Schuss Weißwein, je 1 große Tasse Brühe und Sahne sowie Salz, Pfeffer

Nudeln mit Gorgonzolasauce gibt es bekanntlich als fertige Trockenmischung aus der Tüte. Um diese zuzubereiten, benötigt man je nach Hersteller 5 bis 8 Minuten. Und jetzt werden Sie staunen: Die Kalbsrouladen mit Nudeln und Gorgonzolasauce stehen in 20 Minuten auf dem Tisch – und sind nicht nur selbst gemacht, sondern schmecken wie bei einem guten Italiener.

Die Rouladen

Das Fleisch jeweils in der Mitte vorsichtig einschneiden (nicht ganz durchschneiden!) und wie »Schmetterlingssteaks« auseinander klappen, eventuell den Fettrand entfernen. Den Rucola unter fließendem kalten Wasser waschen und trockenschütteln, dabei den Bund nicht lösen. Welke Blätter entfernen und das untere Drittel der Stiele abschneiden. Das Fleisch mit Salz und Pfeffer würzen. Jeweils mit 1 Rucolabund belegen, straff zusammenrollen und mit einem Schaschlikspieß feststecken. Die Rouladen in einer Pfanne bei mittlerer Hitze in ca. 3 EL Olivenöl von allen Seiten goldbraun braten.

Nudeln und Sauce

Die Penne in kochendem Salzwasser al dente garen. Die Zwiebel in feine Würfel schneiden und in 1 EL Olivenöl andünsten. Weißwein, Brühe und Sahne angießen, mit Salz und Pfeffer würzen und aufkochen. Die Sauce vom Herd nehmen und die Gorgonzolastücke in der heißen Sauce 2 bis 3 Minuten schmelzen lassen, dabei ab und zu umrühren. Die Sauce erneut aufkochen und abschmecken, vor allem mit Pfeffer. Die Nudeln mit der Sauce und den aufgeschnittenen Rouladen anrichten. Nach Belieben mit Rucolablättern oder Gorgonzolastückchen garnieren.

Kochzeit 20 Minuten

Gorgonzola und Rucola harmonieren sehr gut, da beide recht kräftig im Geschmack sind. Sie können alternativ auch Parmesan und Spinat verwenden.

Frühlingsrollen

MIT ENTEN-SPROSSEN-FÜLLUNG

Nur diese 4 Zutaten kaufen:

1 2 Entenkeulen
2 Sojasauce
3 6 Blätter Frühlingsrollenteig (TK)
4 1 Hand voll Sojabohnensprossen

sowie Salz, Pfeffer, Stärke, Öl zum Backen

Eine der beliebtesten Vorspeisen im Asienrestaurant ist die klassische Frühlingsrolle. Auch im Tiefkühlfach des Supermarkts hat sie ihren Stammplatz gefunden. Hier sehen Sie, wie man sie ohne großen Aufwand selbst macht.

Die Ente

Die Haut vom Entenfleisch abziehen bzw. abschneiden. Dann das Fleisch vom Knochen trennen (teilweise gibt es auch fertig ausgelöstes Entenfleisch zu kaufen – es ist allerdings teurer). Das Fleisch möglichst klein schneiden, fast wie eine Hackfleischmasse. Mit etwas Sojasauce, Salz und Pfeffer würzen.

Die Frühlingsrollen

Die Teigblätter auftauen lassen. Das Entenfleisch zu 6 Rollen formen und auf die Teigblätter legen – links und rechts sollte jeweils ein 2 cm breiter Teigrand bleiben. Den Rand über das Fleisch einschlagen und den Teig mit dem Fleisch möglichst straff aufrollen. Die letzten 2 cm Teig mit etwas mit Wasser

angerührter Stärke bestreichen, damit die Frühlingsrollen beim Backen nicht aufklappen. In einer Pfanne 3 cm hoch Öl erhitzen und die Teigrollen darin zuerst mit der Naht nach unten, dann rundherum goldbraun backen. Auf Küchenpapier abtropfen lassen, im vorgeheizten Backofen bei 120 °C (Umluft 90 °C) heiß halten.

Die Sprossen

Die Sprossen gründlich auf braune Stellen überprüfen, vorsichtig in kaltem Wasser waschen und auf Küchenpapier abtropfen lassen. Die Sprossen auf Tellern verteilen, mit etwas Sojasauce beträufeln und die Frühlingsrollen darauf anrichten. Mit einem Schälchen Sojasauce zum Dippen servieren.

Kochzeit 20 Minuten

Sie können Ihrer Fantasie freien Lauf lassen. Wie wäre es mit ein paar Würfeln Mango, Sesam, Lauchstreifen und Shiitake-Pilzen als Begleitung zur Entenfüllung?

Poulardenbrust

MIT GRÜNEN SPARGELSPITZEN

Nur diese 4 Zutaten kaufen:

1. 2 Poulardenbrüste
2. 1 Bund grüner Spargel
3. 3 eingelegte getrocknete Tomaten
4. 1/2 Bund Kerbel

Basisprodukte:
Olivenöl, 1 Kartoffel, 1 große Tasse Brühe, 1 Schuss Balsamico-Essig sowie Salz, Pfeffer

Eine Vinaigrette mit Kartoffel? Natürlich wird sie nicht roh serviert, sondern in Brühe gegart. Dass Kartoffel in Verbindung mit Essig und Öl gut schmeckt, kennt man vom Kartoffelsalat. Um unserer Vinaigrette zusätzlich einen gewissen Kick zu geben, kommen aromatische getrocknete Tomaten und lieblicher Kerbel hinzu.

Das Fleisch

Die Poulardenbrüste mit Salz und Pfeffer würzen. In einer Pfanne in 2 EL Olivenöl zunächst auf der Fleischseite, dann auf der Hautseite kross anbraten. Zugedeckt bei kleiner Hitze – oder im vorgeheizten Backofen bei 120 °C (Umluft 100 °C) – ca. 15 Minuten saftig garen.

Der Spargel

Vom Spargel die Spitzen ca. 8 cm lang abschneiden und der Länge nach halbieren. (Aus den übrigen Spargelstangen können Sie z. B. eine Cremesuppe zubereiten.) Die Spargelspitzen in kochendem Salzwasser ca. 3 Minuten blanchieren, danach eiskalt abschrecken und auf Küchenpapier abtropfen lassen.

Die Vinaigrette

Die Kartoffel schälen und in möglichst kleine Würfel schneiden. Kurz in etwas Olivenöl andünsten, mit Brühe gut bedeckt auffüllen und langsam gar köcheln. Zum Abrunden den Balsamico dazugeben, mit Salz und Pfeffer abschmecken und 2 bis 3 EL Olivenöl einrühren. Die getrockneten Tomaten in Streifen schneiden und den Kerbel grob hacken. Beides in die noch warme Vinaigrette geben und ca. 3 Minuten ziehen lassen, anschließend erneut abschmecken. Die Spargelspitzen fächerförmig auf zwei Tellern anordnen, die aufgeschnittene Poulardenbrust darauf anrichten und mit der warmen Vinaigrette beträufeln.

Kochzeit 20 Minuten

Wenn die Kartoffel-Vinaigrette noch kräftiger schmecken soll, geben Sie einfach einige Oliven und Kapern dazu.

Hähnchenbrust

MIT MOZZARELLA IM PIZZATEIG GEBACKEN

Nur diese 4 Zutaten kaufen:

1. 2 Hähnchenbrüste
2. 1 Kugel Mozzarella
3. 1 frischer Pizzateig (Kühlregal)
4. 1 Hand voll Kirschtomaten

Basisprodukte:
Olivenöl, 1 EL Balsamico-Essig
sowie Salz, Pfeffer

Eine Pizza muss nicht immer flach sein – das beweist schon die »Calzone«, eine Pizza, die zusammengeklappt gebacken wird. Das Raffinierte dabei ist, dass einem, wenn man sie anschneidet, der tolle Duft der Füllung entgegenströmt.

Das Fleisch

Von den Hähnchenbrüsten die Haut entfernen. Das Fleisch zwischen zwei Lagen Klarsichtfolie mit dem Nudelholz leicht flach drücken, bis die Stücke etwa handgroß sind (Sie können dies natürlich auch schon beim Metzger oder in der Fleischabteilung des Supermarkts erledigen lassen). Den Mozzarella in Würfel schneiden und mit Salz und Pfeffer würzen. Die Hähnchenbrüste ebenfalls salzen und pfeffern, jeweils in der Mitte mit Mozzarellawürfeln belegen und zusammenrollen.

Der Pizzateig

Den Pizzateig ausrollen und halbieren. Die Hähnchenrouladen darauf setzen, den Teig einrollen und die Enden gut zusammendrücken, überschüssigen Teig wegschneiden. Die Pizzataschen auf einem mit Backpapier ausgelegten Backblech mit der Nahtseite nach unten im vorgeheizten Backofen bei 230 °C (Umluft 210 °C) ca. 10 Minuten goldbraun backen.

Das Tomatengemüse

Die Kirschtomaten vierteln und in einer Pfanne in etwas Olivenöl andünsten. Mit Salz und Pfeffer würzen und saucenartig einkochen lassen. Das Tomatengemüse auf zwei Teller verteilen, die Pizza-Hähnchen-Rolle in Scheiben schneiden und darauf setzen, mit etwas Balsamico beträufeln.

Kochzeit
20
Minuten

Richtig nach Sonne und Urlaub schmeckt die Füllung, wenn Sie zusätzlich noch etwas Basilikum, Thymian und gehackten Knoblauch dazugeben.

Grillhendlbrust

IM STRUDELTEIG GEBRATEN

Nur diese 4 Zutaten kaufen:

1 2 Grillhendlbrüste
2 2 Blätter Strudelteig (Kühlregal)
3 1 EL Paprikapulver
4 1 Kopfsalat

Basisprodukte: 2 EL Ketchup, Olivenöl, 1/2 Zitrone, 1 Ei, 1/2 Zwiebel, je 1 Glas Weißwein und Brühe, 1 EL Balsamico-Essig sowie Salz, Pfeffer, 1 EL Butter, Öl zum Braten

Kennen Sie das auch? Man kauft ein Grillhendl, erwärmt es zu Hause noch einmal – und ist dann enttäuscht, wenn ausgerechnet das Beste vom Hendl, die Brust, völlig trocken ist. Wie man das verhindern kann? Ganz einfach, man packt das zarte Fleisch in Strudelteig!

Die Hendlbrüste

Die Hendlbrüste samt Haut in feine Würfel schneiden. Ketchup, 1 EL Olivenöl, einige Spritzer Zitronensaft, Salz und Pfeffer verrühren und mit den Fleischwürfeln mischen. Für den Strudel 1 EL Butter in einem Topf oder in der Mikrowelle schmelzen. Die Strudelblätter in 6 gleich große Quadrate (ca. 12 x 12 cm) schneiden, mit der Butter bestreichen und je 3 Strudelblätter aufeinander legen. Jeweils in die Mitte die Hendlwürfel geben und die Ecken der Teigblätter mit verquirltem Ei bestreichen. Den Teig zu Dreiecken zusammenklappen, die Enden gut zusammendrücken. Die Strudeldreiecke einzeln in heißem Öl goldgelb braten. Auf Küchenpapier abtropfen lassen und im vorgeheizten Backofen bei 160 °C (Umluft 140 °C) ca. 6 Minuten fertig backen.

Die Vinaigrette

Die Zwiebel in feine Würfel schneiden und in einem Topf in 1 EL Olivenöl anbraten. Mit Paprikapulver bestäuben, ebenfalls kurz andünsten und mit Weißwein und Brühe aufgießen. Den Fond ca. 1 Minute einköcheln lassen, mit Balsamico, Salz, Pfeffer und etwas Olivenöl abschmecken, auf Zimmertemperatur herunterkühlen. Vom Kopfsalat die äußeren Blätter entfernen. Das Salatherz in kaltem Wasser waschen und trockenschleudern. Die »Strudelecken«, wenn es gelingt, jeweils in die Mitte des Tellers stellen, mit Salatblättern umlegen und die Vinaigrette darüber träufeln.

Kochzeit 20 Minuten

Mehr Würze bekommt das Hendl im Teig, wenn Sie noch frische Kräuter wie Basilikum oder Estragon dazugeben.

Grillhendlkeule

MIT HONIG GLASIERT, AUF ANANAS-REIS

Nur diese 4 Zutaten kaufen:

1 1 Hand voll Schnellkochreis
2 2 EL Honig
3 2 Grillhendlkeulen
4 1 kleine Ananas

Basisprodukte: 1 Schuss Weißwein, 1 Schuss Brühe, 1 Schuss Balsamico-Essig, 1/2 TL Ketchup sowie Salz, Pfeffer, 3 EL Butter

Keine Frage: Das Leckerste am Grillhendl ist die Haut und das Saftigste die Keule. Oft ist die Haut allerdings alles andere als knusprig. Aber auch hier gibt es glücklicherweise einen einfachen Trick: Man brät die Keule noch einmal in einer Honigglasur.

Der Reis

Den Reis in Salzwasser al dente kochen, anschließend abgießen und kurz mit kaltem Wasser abspülen.

Die Hendlkeulen

Den Honig mit Weißwein, Brühe, Balsamico, Ketchup, 1 EL Butter, 1 Prise Salz und etwas grob gemahlenem Pfeffer zu einer dicken Flüssigkeit einkochen. Nun die Keulen zunächst mit der Hautseite einlegen und abwechselnd von beiden Seiten insgesamt 5 Minuten braten. Die Glasur sollte dabei stets eine cremige Konsistenz haben, also eventuell noch etwas Brühe und Weißwein hinzufügen.

Die Ananas

Die Ananas schälen. Für die Dekoration 4 Scheiben in einer Pfanne in 1 EL Butter anbraten. Das restliche Fruchtfleisch in Würfel schneiden und zusammen mit dem Reis ebenfalls in zerlassener Butter schwenken, mit Salz und Pfeffer würzen. Die Ananaswürfel unter den Reis mischen. Den Ananas-Reis auf Teller verteilen, die Hendlkeulen und die Ananasscheiben darauf anrichten und mit der Honig-Pfeffer-Glasur beträufeln. Übrigens: Vor der Grillhendlkeule können Sie die Hendlbrust im Strudelteig (siehe S. 80) als Vorspeise bzw. ersten Gang servieren.

Kochzeit 20 Minuten

Noch raffinierter wird die Glasur, wenn Sie zusätzlich 1 TL Aprikosenmarmelade, frisch gemahlenen Koriander und etwas Chilipulver unterrühren.

Rinderfilet

MIT KARTOFFEL-OLIVEN-PÜREE

Nur diese 4 Zutaten kaufen:

1 4 rote Zwiebeln
2 5 Zweige Thymian
3 6 Scheiben Rinderfilet (à ca. 50 g)
4 1 Hand voll schwarze Oliven

Basisprodukte:
2 Kartoffeln, reichlich Brühe, Olivenöl,
1 großes Glas Rotwein
sowie Salz, Pfeffer, Stärke

Anders als beim klassischen großen Filetstück muss man beim Braten von Filetscheiben über keinerlei Erfahrung in der Küche verfügen, um das Fleisch zart und rosa zu garen. Auch das Kartoffelpüree ist leicht zuzubereiten – ohne Sahne, dafür mit etwas Olivenöl. Das bedeutet weniger Kalorien und gleichzeitig noch mediterranes Aroma!

Püree zum Ersten

Die Kartoffeln schälen, in Würfel schneiden und mit Brühe bedeckt gar köcheln.

Die Rotweinzwiebeln

Die roten Zwiebeln schälen und in Spalten schneiden. In einem kleinen Topf 1 EL Olivenöl erhitzen und die Zwiebeln darin kurz andünsten. Leicht salzen, 3 Zweige Thymian dazugeben und mit dem Rotwein ablöschen. Die Zwiebeln zunächst zugedeckt 2 Minuten köcheln lassen. Dann den Deckel entfernen, die Zwiebeln mit etwas Brühe knapp bedeckt aufgießen und auf etwa die Hälfte einkochen. Mit Salz und Pfeffer abschmecken und eventuell mit etwas Stärke leicht binden.

Püree zum Zweiten

Die gegarten Kartoffelwürfel in ein hohes Gefäß füllen, 2 bis 3 EL Olivenöl dazugeben, etwas heiße Brühe angießen und alles mit dem Stabmixer pürieren. Das Püree zurück in den Topf geben, bei kleiner Hitze warm halten, mit Salz und Pfeffer abschmecken.

Das Fleisch

Die Filetscheiben salzen und pfeffern und in einer großen Pfanne in 1 EL Olivenöl auf jeder Seite gut 1 Minute mit dem restlichen Thymian braten. Die Oliven dazugeben und die Pfanne vom Herd nehmen (die Resthitze reicht aus, um das Fleisch rosa zu garen). Die Filetstücke in die Tellermitte setzen, mit den Rotweinzwiebeln übergießen und das Püree mit den Oliven gespickt anrichten.

Kochzeit 20 Minuten

Falls Sie zu dem Rinderfilet Rotwein trinken möchten, sollten Sie mit diesem Wein möglichst auch die Zwiebeln zubereiten.

Lammrücken

IN AUBERGINEN-ROTWEIN-SAUCE

Nur diese 4 Zutaten kaufen:

1 | 2 Stücke Lammrücken (à 120 g)
2 | 1 Zweig Rosmarin
3 | 2 Portionen Makkaroni
4 | 1 kleine Aubergine

Basisprodukte: Olivenöl, 1/2 Zwiebel, je 1 großes Glas Rotwein und Brühe sowie Salz, Pfeffer, 1 EL Butter, Stärke

Das Vorurteil, Lammfleisch schmecke immer nach Hammel, ist längst überholt. Im Gegenteil: Das Fleisch ist zart und hat ein feines Aroma. Sie können sich also ruhig an dieses Rezept wagen. Falls Ihr Metzger keinen Lammrücken vorrätig hat, probieren Sie es einfach in türkischen oder griechischen Lebensmittelgeschäften.

Das Fleisch

Den Lammrücken gut mit Salz und Pfeffer würzen und in einer Pfanne in 2 EL Olivenöl von beiden Seiten scharf anbraten. Einige Rosmarinnadeln dazugeben und das Fleisch im vorgeheizten Backofen bei 120 °C (Umluft 100 °C) 12 bis 14 Minuten langsam rosa garen.

Die Nudeln

Die Makkaroni in kochendem Salzwasser al dente garen. Kurz vor dem Servieren die übrigen Rosmarinnadeln in der Butter kross anbraten, die Makkaroni hinzufügen, einmal durchrühren und eventuell mit Salz und Pfeffer nachwürzen.

Die Sauce

Die Zwiebel in feine, die Aubergine in größere Würfel schneiden. Zunächst die Zwiebeln in 2 EL Olivenöl andünsten, dann die Auberginenwürfel hinzufügen. Mit Salz und Pfeffer würzen, mit dem Rotwein ablöschen und etwa auf die Hälfte einkochen. Mit der Brühe auffüllen, wiederum etwas einkochen. Nochmals abschmecken und mit wenig Stärke leicht binden. Die Makkaroni in tiefe Teller verteilen, mit der Sauce übergießen und den aufgeschnittenen Lammrücken darauf anrichten.

Kochzeit 20 Minuten

Zum Lammfleisch passt auch ein Risotto hervorragend. Einfach beim Einkochen von Aubergine und Rotwein den Reis hinzufügen (Näheres zu Risotto siehe S. 110).

Gebratene Entenbrust

AUF FENCHEL MIT TOMATEN-CROSTINI

Nur diese 4 Zutaten kaufen:

1 2 Entenbrüste (à ca. 150 g)
2 1 Fenchelknolle (mit Grün)
3 2 Tomaten
4 3 Scheiben Toastbrot

Basisprodukte:
Olivenöl, 1 guter Schuss Weißwein,
1 große Tasse Brühe, 1/2 Zwiebel
sowie Salz, Pfeffer, Stärke

Eine Entenbrust mit krosser Haut und rosa gebraten ist eines der kulinarischen Highlights für Genießer. Das Wichtigste beim Garen der Entenbrust ist, sie langsam und hauptsächlich auf der Haut zu braten. So kann sie – ähnlich wie ein Stück Speck – schön ausbraten und kross werden und gleichzeitig gart das Fleisch langsam.

Das Fleisch

Die Haut der Entenbrüste schachbrettartig einritzen, salzen und pfeffern. In einer Pfanne in 1 EL Olivenöl zunächst die Hautseite, dann die Fleischseite jeweils 1 Minute scharf anbraten. Nun die Entenbrüste wieder auf die Haut legen und bei mittlerer Hitze langsam ca. 8 Minuten kross braten. Anschließend auf der Fleischseite liegend im vorgeheizten Backofen bei 100 °C (Umluft 80 °C) ruhen lassen.

Der Fenchel

Den Fenchel halbieren, den Strunk entfernen und die Knolle in Streifen schneiden. Das Fenchelkraut abtrennen und in etwas kaltes Wasser legen. Die Fenchelstreifen in 2 EL Olivenöl andünsten, mit Salz und Pfeffer würzen, mit Weißwein ablöschen und mit der Brühe leicht bedeckt auffüllen. Zugedeckt bei kleiner Hitze ca. 5 Minuten schmoren. Abschmecken, mit gehacktem Fenchelgrün abrunden und mit etwas Stärke leicht binden.

Die Crostini

Die Tomaten vierteln und die Kerne herausschneiden. Das Fruchtfleisch ebenso wie die Zwiebel fein würfeln und beides vermischen. Mit Salz, Pfeffer und etwas Olivenöl abschmecken. Die Brotscheiben entrinden und toasten. In 6 gleich große Dreiecke schneiden, mit den Tomatenwürfeln belegen und im vorgeheizten Backofen bei 90 °C (Umluft 70 °C) erwärmen. Den Fenchel samt Sauce mit der aufgeschnittenen Entenbrust und den Tomaten-Crostini anrichten.

Kochzeit 20 Minuten

Wenn Sie den Aniston des Fenchels nicht so gerne mögen, empfehle ich Ihnen Paprika, Spinat oder einen frischen Salat zu diesem Gericht.

Rindersteak

MIT GRÜNER-PFEFFER-MAYONNAISE

Nur diese 4 Zutaten kaufen:

1. 1 großes Steak vom Rinderrücken
2. 1 EL grüne Pfefferkörner
3. 1 kleines Glas Mayonnaise
4. 1 Kopf Eisbergsalat

Basisprodukte: Olivenöl, 1 Schuss Weißwein, 1 Schuss Sahne, 1/2 Zitrone, 1 Schuss Balsamico-Essig sowie Salz, Pfeffer

Ein saftiges Steak mit knackigem Salat steht nicht nur bei Fitness-Fans hoch im Kurs, es ist auch ein ideales Sommergericht. Als Alternative zum klassischen Salat wird der Eisbergsalat in diesem Rezept kurz in etwas Olivenöl angebraten.

Das Fleisch

Eventuell den Fettrand vom Steak wegschneiden und das Steak längs halbieren. Das Fleisch salzen und pfeffern und in 1 EL Olivenöl rundherum scharf anbraten. Im vorgeheizten Backofen bei 120 °C (Umluft 100 °C) je nach Größe der Fleischportion ca. 10 bis 16 Minuten rosa garen.

Die Pfeffer-Mayonnaise

Die Pfefferkörner in einem kleinen Topf in etwas Olivenöl schwenken, mit Weißwein und Sahne ablöschen – so entfaltet sich die Pfeffernote besser. Anschließend in eine kleine Schüssel umfüllen und etwas abkühlen lassen. Kurz vor dem Servieren mit der Mayonnaise vermischen und einige Spritzer Zitronensaft unterrühren.

Der Salat

Vom Eisbergsalat die äußeren Blätter entfernen. Den Salatkopf halbieren und den Strunk entfernen. Von jeder Salathälfte 2 dicke Scheiben schneiden und diese einzeln jeweils nur auf einer Seite in einer Pfanne in etwas Olivenöl maximal 1 Minute anbraten. Mit ein paar Tropfen Balsamico ablöschen und auf Teller legen. Das Fleisch aufschneiden und auf dem lauwarmen Salat anrichten. Nach Belieben mit frisch gemahlenem Pfeffer bestreuen und mit der Pfeffer-Mayonnaise servieren.

Kochzeit 20 Minuten

Die Mayonnaise wird raffinierter, wenn Sie zusätzlich noch verschiedene frische Kräuter wie Petersilie oder Basilikum unterrühren.

Rindergeschnetzeltes
MIT SÜSS-SAUREM KARTOFFELGEMÜSE

Nur diese 4 Zutaten kaufen:

1. 2 Karotten
2. 300 g Rindergeschnetzeltes
3. 2 EL Sahnemeerrettich
4. 2 Zweige glatte Petersilie

Basisprodukte: 2 Kartoffeln, reichlich Brühe, 1 EL Zucker, 1/2 Glas Weißwein, 1/2 Zitrone, 1 Tasse Sahne sowie Salz, Pfeffer, Stärke, 2 EL Butter

Bei Rindergeschnetzeltem, Karotten und Meerrettich denkt man gleich an traditionelle Hausmannskost. Doch mit wenigen Tricks bekommt das Gericht eine internationale Note: Die Schärfe des Meerrettichs wird durch eine süß-saure Sauce gemildert.

Das Gemüse

Kartoffeln und Karotten schälen. Die Kartoffeln in Stifte, die Karotten in Scheiben schneiden. Nun beides mit Brühe bedeckt köcheln lassen, mit Salz und Pfeffer würzen. In der Zwischenzeit den Zucker mit dem Weißwein etwas einkochen und damit das Gemüse süß-sauer abschmecken. Wenn das Kartoffelgemüse gar ist, nochmals mit Salz und Pfeffer nachwürzen und – je nach persönlichem Geschmack – mit Zucker oder 1 Spritzer Zitronensaft abschmecken. Den Fond mit etwas Stärke binden.

Das Geschnetzelte

Das Fleisch mit Salz und Pfeffer gut würzen und in einer Pfanne in 2 EL Butter kurz anbraten. Etwa 2 Schnapsgläser Brühe und die Sahne angießen und sämig einkochen. Kurz vor dem Servieren den Meerrettich unterrühren. Die Sauce mit Salz und Pfeffer abschmecken und eventuell noch etwas Sahne hinzufügen. Das Geschnetzelte jeweils samt Sauce in die Tellermitte setzen und das Kartoffelgemüse am Tellerrand verteilen. Mit frisch gehackter Petersilie garnieren.

Kochzeit 20 Minuten

In das süß-saure Gemüse können Sie auch noch etwas Knollensellerie und Lauch geben. Nur von Kohlarten ist abzuraten – sonst erinnert es an einen Eintopf.

Balsamico-Schnitzel

MIT KARTOFFEL-ZUCCHINI-GEMÜSE

Nur diese 4 Zutaten kaufen:

1 1 Zucchino
2 2 Kalbsschnitzel
3 16 Salbeiblätter
4 1 Knoblauchzehe

Basisprodukte: 2 Kartoffeln, reichlich Brühe, 1 Schnapsglas Balsamico-Essig, 1/2 Glas Rotwein sowie Salz, Pfeffer, Stärke

Die Kombination Kalbsschnitzel und Salbei kennt man von dem italienischen Klassiker Saltimbocca. Salbei ist grundsätzlich mit Vorsicht zu verwenden, denn nimmt man zu viel von diesem äußerst würzigen Kraut, kann schnell alles andere überdeckt werden.

Das Gemüseragout

Die Kartoffeln schälen, in Würfel schneiden und mit Brühe bedeckt gar köcheln. In der Zwischenzeit den Zucchino in Scheiben schneiden und kurz vor Ende der Garzeit zu den Kartoffeln geben. Die Zucchini sollten in 1 bis 2 Minuten gar sein. Mit Salz und Pfeffer würzen und eventuell mit etwas Stärke binden.

Die Schnitzel

Die Schnitzel jeweils in 4 gleich große Stücke schneiden, mit je 1 Salbeiblatt belegen und zusammenrollen. Die Röllchen mit 1 Salbeiblatt umwickeln und jeweils vier auf einen Schaschlikspieß stecken. Das Fleisch salzen und pfeffern und mit der halbierten Knoblauchzehe in 2 EL Olivenöl von allen Seiten anbraten. Die Schnitzel aus der Pfanne nehmen. Den Bratensatz mit Balsamico und Rotwein ablöschen und einkochen lassen. Nun etwa 1 Tasse Brühe dazugießen. Je nachdem, wie kräftig der Balsamico ist, mit Brühe oder Essig nachwürzen. Die Schnitzel zurück in die Pfanne geben, kurz aufkochen und auf ausgeschalteter Platte in der Sauce ziehen lassen, zuletzt mit etwas Stärke binden. Die Schnitzel auf dem Gemüseragout anrichten und die Sauce darüber geben.

Kochzeit 20 Minuten

Balsamico ist zum Herstellen einer schnellen braunen Sauce unabdingbar. Beim Einkochen entwickelt er eine starke Farbe und eine angenehme Süße.

Quarkknödel

MIT ZWETSCHGEN-VANILLE-KOMPOTT

Nur diese 4 Zutaten kaufen:

1. 4 EL Quark
2. 5 EL gemahlene Mandeln
3. 10 Zwetschgen
4. 1 Vanilleschote

Basisprodukte:
2 Eier, 1/2 Zitrone, 1 Schuss Rotwein
sowie 6 EL Zucker, 4 EL Mehl, Stärke,
1 EL Butter

Quarkknödel sind ein Allround-Dessert. Sie passen zu fast jeder Frucht, egal ob zu Erdbeeren oder Rhabarber im Frühjahr, Kirschen und Pfirsichen im Sommer, Zwetschgen und Pflaumen im Herbst, Birnen und Mandarinen im Winter oder zu Ganzjahresfrüchten wie Ananas oder Äpfeln. Also ein absolutes Muss im Kochrepertoire!

Die Knödel

Den Quark, 4 EL gemahlene Mandeln, die Eier, das Mehl, die Stärke, 1 Spritzer Zitronensaft und 1 bis 2 EL Zucker verrühren. Je nachdem, wie wässrig der Quark ist, eventuell noch etwas Mandeln und Mehl dazugeben. Es sollte sich eine Konsistenz wie bei einem sehr festen Kartoffelpüree ergeben. 2 Tassen Wasser mit ca. 1 EL Zucker zum Kochen bringen. Aus der Quarkmasse mit angefeuchteten Händen kleine Knödel formen und in das kochende Wasser geben, einmal aufkochen und 8 bis 10 Minuten bei kleiner Hitze ziehen lassen.

Das Kompott

Die Zwetschgen waschen, vierteln und entsteinen. In einem Topf 2 EL Zucker karamellisieren lassen. Die Zwetschgen dazugeben, mit dem Rotwein ablöschen und etwas köcheln lassen. Die Vanilleschote längs halbieren, mit der Messerspitze das Mark herauskratzen und zu den Zwetschgen geben. Das Kompott ist fertig, wenn die Früchte leicht verkocht sind. Eventuell etwas nachsüßen. Kurz vor dem Servieren die Quarkknödel in einer Pfanne in etwas zerlassener Butter, 1 EL Zucker und den restlichen gemahlenen Mandeln wälzen. Das Kompott auf Teller verteilen, die Knödel darauf setzen und die Mandelbutter darüber geben.

Kochzeit 20 Minuten

Wenn Sie etwas abgeriebene Orangenschale und statt der Mandeln gemahlenen Lebkuchen unter die Quarkmasse rühren, haben Sie das ideale Weihnachtsdessert.

Kaiserschmarren

MIT GEMISCHTEN BEEREN

Nur diese 4 Zutaten kaufen:

1. 2 EL Mandelstifte
2. 1 EL Rosinen
3. Puderzucker zum Bestäuben
4. 1 kleine Packung Beerenmischung (TK)

Basisprodukte: 2 Eier, 1 großer Schuss Sahne, 1/2 Zitrone
sowie 4 EL Zucker, 2 EL Mehl, 3 EL Butter

Um die Erfindung des Kaiserschmarrens rankt sich eine viel zitierte Legende: Angeblich wurde er zufällig erfunden, als einem kaiserlichen Hofkoch in Wien einst der Pfannkuchen beim Wenden zerriss. Dieser machte aus der Not eine Tugend, zerzupfte ihn, verfeinerte ihn etwas und servierte ihn einfach als neue Komposition.

Der Teig

Die Eier trennen. 1 EL Zucker, das Mehl und die Sahne mit dem Schneebesen gründlich unter das Eigelb rühren. Der Teig sollte leicht cremig sein, notfalls entweder etwas Wasser oder Mehl hinzufügen. Das Eiweiß mit 1 EL Zucker steif schlagen und vorsichtig unter den Teig heben. Mandelstifte und Rosinen hinzufügen. In einer Pfanne 1 EL Butter zerlassen, den Teig ca. 1 cm dick einfüllen und bei mittlerer Hitze anbraten. Anschließend wenden, ebenfalls leicht bräunen und mit zwei Gabeln zerzupfen. Mit Puderzucker bestäuben, etwas Butter dazugeben und kurz weiter braten bzw. karamellisieren lassen. Falls Sie noch Teig übrig haben, den Kaiserschmarren im Backofen warm halten und eine weitere Portion zubereiten.

Die Beeren

In einem Topf 1 EL Butter zerlassen und 2 EL Zucker darin auflösen. Die Beeren kurz darin schwenken. Nach Belieben mit 1 Spritzer Zitronensaft und noch etwas Zucker abschmecken. Den Kaiserschmarren mit den Beeren anrichten. Nach Belieben mit einigen Mandelstiften und frischen Früchten garnieren und etwas Puderzucker darüber stäuben.

Kochzeit 20 Minuten

Wer es exotisch mag, kann den Kaiserschmarren auch mit Ananaswürfeln und Kokosflocken zubereiten.

Banane

IN SÜSSEM TEMPURATEIG GEBACKEN

Nur diese 4 Zutaten kaufen:

1. 2 Bananen
2. 5 Passionsfrüchte
3. 1 Becher Naturjoghurt
4. 1 Schale Himbeeren

sowie 1 EL Stärke, 1 EL Mehl, ca. 2 EL Zucker, Öl zum Frittieren

Tempurateig kommt aus der asiatischen Küche und wird nur aus Stärke, Mehl und eiskaltem Wasser hergestellt. Nach dem Backen ist der hauchdünne Teig wunderbar knusprig! Für den Frischekick sorgen in diesem Rezept Himbeeren und Passionsfrüchte, die bei uns besser als Maracuja bekannt sind.

Die Bananen

Für den Tempurateig je 1 EL Stärke, Mehl und Zucker vermischen. Nach und nach etwas eiskaltes Wasser dazugeben und – am besten mit einer Gabel – gut unterrühren. Der Teig sollte möglichst dünnflüssig sein. Die Bananen schälen, in gleich große Stücke schneiden und durch den Teig ziehen. In einem Topf 6 EL Öl erhitzen und die Bananenstücke darin hellbraun ausbacken, auf Küchenpapier abtropfen lassen und im vorgeheizten Backofen bei 120 °C (Umluft 90 °C) heiß halten.

Der Joghurt

Die Passionsfrüchte halbieren und das Fruchtmus herauslöffeln. Zwei Schalenhälften und etwas Fruchtmus für die Garnitur beiseite stellen, den Rest unter den Joghurt rühren, nach Belieben mit etwas Zucker süßen. Den Passionsfrucht-Joghurt kurz mit dem Stabmixer pürieren und durch ein Sieb gießen. Die Himbeeren dekorativ auf Tellern anrichten. Die Bananenstücke in die Mitte geben, mit dem nochmals aufgeschäumten Passionsfrucht-Joghurt beträufeln und mit etwas Fruchtmark garnieren. Den restlichen Joghurt in die Früchteschalen füllen und dazu servieren.

Kochzeit 20 Minuten

Der Tempurateig lässt sich leicht verfeinern, indem man statt des Wassers eiskalten Wein, Champagner oder Tee unterrührt.

Kochzeit

Minuten

30

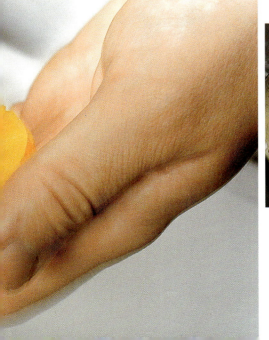

Pfifferlinge in Rahmsauce

MIT SCHWARZBROTAUFLAUF

Nur diese 4 Zutaten kaufen:

1. 2 Scheiben Schwarzbrot
2. 2 EL Kürbiskerne
3. 250 g Pfifferlinge
4. 1 Bund Schnittlauch

Basisprodukte:
2 Eier, 1 Zwiebel, 1/2 Tasse Brühe,
1 große Tasse Sahne
sowie Salz, Pfeffer, Butter

Semmelknödel mit frischen, in Sahne gegarten Pilzen sind ein Klassiker. Wer Semmelknödel selbst machen will, braucht jedoch Zeit und Erfahrung. Probieren Sie deshalb einmal diese Alternative: ein saftiger Auflauf aus Schwarzbrot mit knackigen Kürbiskernen.

Der Brotauflauf

Das Brot in 1 cm große Würfel schneiden, mit den Eiern und den Kürbiskernen vermischen. Mit wenig Salz und etwas mehr Pfeffer würzen. In zwei gut gebutterte Tassen füllen und im vorgeheizten Backofen bei 180 °C (Umluft 160 °C) ca. 18 Minuten garen.

Die Pilze

Wenn Sie keine frischen Pfifferlinge bekommen, nehmen Sie lieber Champignons, Egerlinge oder vielleicht sogar Steinpilze, bevor Sie auf getrocknete Pilze oder Dosenware zurückgreifen. Zunächst die Pfifferlinge putzen. Falls sie sehr sandig sind, kurz unter fließendem Wasser abspülen und mit Küchenpapier gut abtupfen. Größere Pfifferlinge halbieren bzw. in möglichst gleich große Stücke schneiden. Die Zwiebel in Streifen schneiden und in 1 EL Butter andünsten. Die Pilze dazugeben, mit Salz und Pfeffer würzen und braten. Mit Brühe und etwas Sahne ablöschen und einkochen lassen. Den Schnittlauch in Röllchen schneiden und hinzufügen. Die restliche Sahne mit einem Handrührgerät aufschlagen. Ein ungeschriebenes Gesetz bei Rahmpilzen lautet: Kurz vor dem Servieren muss 1 Löffel geschlagene Sahne untergehoben werden. Den Brotauflauf mit dem Messer am Tassenrand lockern und, falls er nicht gleich aus der Tasse gleitet, mit einem Löffel von unten lockern. Die Rahmpilze mit dem Brotauflauf anrichten.

Kochzeit 30 Minuten

Wenn Sie es gern würzig mögen, geben Sie etwas Speck zu den Pilzen. Oder streuen Sie kurz vor dem Servieren einige Streifen Parmaschinken über das Pilzragout.

Garnelen
MIT BASILIKUM-RISOTTO

Nur diese 4 Zutaten kaufen:

1 12 Garnelen
2 2 Hand voll Risottoreis
3 2 Zweige Basilikum
4 1 gelber Zucchino

Basisprodukte:
6 EL Olivenöl, je 2 große Gläser Weißwein und Brühe, 1 Zwiebel sowie Salz, Pfeffer, 2 EL kalte Butter

Die Kombination Risotto mit Krustentieren ist superlecker! Der neutrale Reis bildet den idealen Hintergrund für die Meerestieraromen. Gebratene Zucchini und Basilikum bringen Frische und Farbe ins Spiel.

Garnelen und Fond

Von den Garnelen den Kopf abtrennen, die Schalen aufbrechen und eventuell den Darm entfernen. Die Schalen in einem kleinen Topf in 2 EL Olivenöl anbraten – so kann sich ihr Geschmack entfalten. Mit Weißwein und Brühe ablöschen, kurz aufkochen und heiß halten, aber nicht mehr kochen.

Der Risotto

Die Zwiebel in feine Würfel schneiden und in 1 EL Olivenöl andünsten. Den Reis dazugeben, mit Salz und Pfeffer würzen und ebenfalls kurz andünsten. So viel heißen Garnelenfond durch ein Sieb dazugießen, bis der Reis gut bedeckt ist. Die Hitze reduzieren – der Risotto muss langsam garen, eher quellen. Nun ist Ausdauer gefragt: Immer wieder unter ständigem Rühren etwas heißen Fond zum Risotto geben, der Reis sollte stets genügend Flüssigkeit haben. Fertig ist der Risotto nach ca. 15 Minuten, wenn die Reiskörner noch etwas Biss haben, aber schon zu einer sämigen Masse geworden sind. Zuletzt die kalte Butter unter den Risotto rühren – sie gibt dem Gericht den nötigen Schmelz. Ein paar Basilikumblätter von den Zweigen zupfen und beiseite legen. Das restliche Basilikum und 1 EL Olivenöl mit dem Stabmixer fein pürieren. Diese Basilikumcreme kurz vor dem Anrichten unter den Risotto rühren und abschmecken. Den Zucchino in Scheiben schneiden, in 2 EL Olivenöl kurz anbraten und mit Salz und Pfeffer würzen. Die Garnelen hinzufügen und sanft erwärmen. Zwei Teller mit Zucchinischeiben auslegen, Risotto und Garnelen darauf anrichten und mit Basilikumblättern garnieren.

Kochzeit 30 Minuten

Statt Garnelen können Sie auch Hummer, Langostinos, Scampi oder Shrimps verwenden – alles eine Frage von Geschmack und Geldbeutel.

Lachs-Wan-Tans

MIT ZITRONENGRASSAUCE

Nur diese 4 Zutaten kaufen:

1 | 1 Stange Zitronengras
2 | 200 g Lachsfilet
3 | 12 Wan-Tan-Teigblätter (TK)
4 | 1 Kopf Chinakohl

Basisprodukte: 1/2 Zwiebel, 1 EL Olivenöl, 1/2 Glas Weißwein, 1 Glas Brühe, 1 Zitrone sowie Stärke, Salz, Pfeffer, Öl zum Frittieren, 1 EL Butter

Lachs schmeckt am besten, wenn er glasig gegart wird, wenn ihn frische, aber sanfte Aromen begleiten oder wenn er mit knusprigem Teig kombiniert wird. Deshalb ist der klassische Lachs im Strudelteig ein Renner. Und mit etwas Fantasie abgewandelt werden daraus köstliche Lachs-Wan-Tans.

Die Sauce

Die Zwiebel in feine Würfel schneiden, in 1 EL Olivenöl andünsten und mit Weißwein und Brühe aufgießen. Das Zitronengras in Scheiben schneiden oder sägen (am besten mit einem Brotmesser), in den Fond geben und zugedeckt 15 Minuten leicht köcheln lassen. Etwas Stärke mit kaltem Wasser anrühren. Das Zitronengras wieder aus dem Fond fischen. Den Fond mit Salz und Pfeffer abschmecken und mit der Stärke binden.

Die Wan-Tans

Die Wan-Tan-Blätter auftauen lassen. Den Lachs in 12 möglichst gleich große Würfel schneiden. Die Wan-Tan-Blätter auf einer Seite mit etwas Wasser einpinseln. Den Lachs

mit Salz und Pfeffer würzen und in die Mitte jedes Wan-Tan-Blatts 1 Lachswürfel setzen. Die Teigecken zur Mitte hin einschlagen und die Ränder gut zusammendrücken. In einem kleinen Topf 5 bis 6 cm hoch Öl erhitzen. Die Wan-Tans kurz vor dem Servieren portionsweise im heißen Öl frittieren – dies geht sehr schnell, nach ca. 1 Minute sind die Wan-Tans bereits fertig.

Das Gemüse

Den Chinakohl in feine Streifen schneiden und mit ein paar Zitronenscheiben in einer Pfanne in 1 EL Butter kurz braten, anschließend salzen und pfeffern. Die Wan-Tans auf den Chinakohl setzen und mit der Sauce und den Zitronenscheiben garnieren.

Kochzeit 30 Minuten

Die Wan-Tans sind auch ein prima Fingerfood – einfach mit einem süß-sauren Dip aus dem Asienladen servieren.

Seeteufelfilet

MIT CURRY-ORANGEN-RISOTTO

Nur diese 4 Zutaten kaufen:

1. 6 Scheiben Seeteufelfilet
2. 1 unbehandelte Orange
3. 1 TL Currypulver
4. 2 Hand voll Risottoreis

Basisprodukte: je 3 große Gläser Weißwein und Brühe, 1 1/2 Zwiebeln, 1/2 Zitrone, 1 EL Olivenöl sowie 4 EL Butter, Salz, Pfeffer

Das A und O bei diesem Gericht ist die Qualität des Fischs, deshalb sollten Sie beim Einkauf unbedingt darauf achten, dass Sie wirklich frischen Seeteufel bekommen. Der Alleskönner Risotto passt hervorragend zu Fisch — ob gebraten, gegrillt oder wie hier gedünstet.

Der Fisch

Je 1 Schuss Weißwein und Brühe erwärmen. Die halbe Zwiebel in Würfel schneiden. Eine tiefere, ofenfeste Platte mit Butter ausstreichen, die Zwiebelwürfel hineingeben, den Seeteufel mit Salz und Pfeffer würzen und darauf verteilen. Mit Zitronensaft beträufeln und so viel heißen Fond dazugeben, dass der Fisch etwa zur Hälfte bedeckt ist. Die Platte mit Alufolie abdecken und im vorgeheizten Backofen bei 180 °C (Umluft 160 °C) ca. 12 bis 14 Minuten dünsten.

Fond und Risotto

Die Orange gründlich waschen und so schälen, dass auch die weiße Haut entfernt ist. Aus der Orange die Filets herausschneiden und beiseite legen. Das übrige Fruchtfleisch ausdrücken, ein paar Streifen Orangenschale hinzufügen. In einem Topf 1 EL Butter zerlassen und das Currypulver darin nur kurz anschwitzen. Den Orangensaft mit den Schalenstreifen hinzufügen, einmal aufkochen und mit Weißwein und Brühe aufgießen. Aufkochen und heiß halten, aber nicht mehr kochen lassen. Für den Risotto die übrige Zwiebel in feine Würfel schneiden und in 1 EL Olivenöl andünsten. Den Reis hinzufügen, würzen und ebenfalls andünsten. Mit dem heißen Curryfond gut bedeckt aufgießen und sofort umrühren. Die Hitze reduzieren und den Risotto wie auf Seite 106 beschrieben zubereiten, zuletzt noch 2 EL kalte Butter unterrühren. Kurz vor dem Anrichten die Orangenfilets unter den Risotto geben, mit Salz und Pfeffer abschmecken. Den Risotto mit dem Fischfond übergießen und mit dem Seeteufel anrichten.

Kochzeit 30 Minuten

Statt mit Curry und Orange können Sie den Risotto auch mit Knoblauch und Zitrone aromatisieren.

Forellenfilet in Senfsauce
MIT KARTOFFEL-SAUERKRAUT-PÜREE

Nur diese 4 Zutaten kaufen:

1. 1/2 kleine Dose Sauerkraut
2. 4 Forellenfilets (ohne Haut)
3. 1/2 Bund Schnittlauch
4. 1 EL mittelscharfer Senf

Basisprodukte:
1 Zwiebel, je 2 Gläser Weißwein und Brühe, 2 Kartoffeln, 2 Tassen Sahne sowie 2 EL Butter, Salz, Pfeffer

Sauerkraut und Fisch – im ersten Moment eine nicht gerade erstrebenswerte Kombination – passt aber! Gerade mit herzhafter Forelle harmoniert Sauerkraut überraschenderweise perfekt. Wichtig ist allerdings, dass die Gemüsesäure nicht zu dominant ist und den Fisch quasi erschlägt. Zur Neutralisation eignen sich Kartoffeln gut.

Das Püree

Das Sauerkraut kurz unter lauwarmem Wasser abspülen. Die Zwiebel in Würfel schneiden, die Hälfte davon in 1 EL Butter andünsten. Das Sauerkraut dazugeben, mit je 1 Glas Weißwein und Brühe bedecken, salzen und pfeffern und zugedeckt 20 Minuten köcheln lassen. Die Kartoffeln schälen, in kleine Stücke schneiden und mit der restlichen Brühe bedeckt weich kochen. Die Kartoffeln zu einem Püree zerstampfen und mit Sahne locker aufschlagen. Zu dem Sauerkraut geben und gut unterrühren, mit Salz und Pfeffer abschmecken und aufkochen.

Fisch und Sauce

Die Forellenfilets mit Salz und Pfeffer würzen und aufrollen. Jedes Filet mit einem langen Schnittlauchhalm, den Sie 5 Sekunden in die kochende Kartoffelbrühe getaucht haben (dadurch wird er elastischer), zusammenbinden. Die restlichen Zwiebelwürfel in 1 EL Butter andünsten, 1 Glas Weißwein und die gleiche Menge Sahne hinzufügen und etwas einkochen lassen. Mit Senf, Salz und Pfeffer abschmecken, aufkochen, die Fischröllchen hineingeben und zugedeckt bei schwacher Hitze ca. 8 Minuten dünsten, auf keinen Fall kochen! Die Röllchen einmal wenden. Kurz vor dem Servieren den restlichen geschnittenen Schnittlauch zur Sauce geben. Das Püree mit den Fischröllchen anrichten und die Sauce darüber geben.

Kochzeit 30 Minuten

Statt Schnittlauch können Sie auch Brunnenkresse verwenden – ihr Aroma macht das Gericht noch herzhafter.

Seelachs und Zucchini
MIT BLÄTTERTEIGHAUBE

Nur diese 4 Zutaten kaufen:

1 1 Zucchino
2 2 Zweige glatte Petersilie
3 2 Seelachsfilets
4 2 Platten Blätterteig (TK)

Basisprodukte:
1 guter Schuss Weißwein, 1 Tasse Brühe,
1/2 Zitrone, 2 Eigelb
sowie 1 EL Butter, Salz, Pfeffer, Mehl

Seelachs ist sehr fragil und zerfällt beim Anrichten leicht. Eine nahe liegende Lösung ist deshalb, ihn in der Garform zu servieren. Nicht nur geschmacklich, sondern auch optisch ein Genuss – wie dieses Rezept zeigt.

Zucchini und Fond

Den Zucchino in kleine Würfel schneiden und die Petersilie grob hacken. In einer Pfanne die Zucchiniwürfel in 1 EL Butter farblos andünsten. Mit Weißwein ablöschen, die Brühe und einen großen Teil der Petersilie dazugeben. Mit Salz, Pfeffer und Zitronensaft kräftig abschmecken und in zwei ofenfeste Glas- oder Porzellanschalen füllen.

Der Fisch

Den Fisch so portionieren, dass er gut in die Schalen passt. Mit Salz und Pfeffer würzen und auf die Zucchiniwürfel legen. Die restliche gehackte Petersilie und 1 Stück Zitrone auf den Fisch geben.

Der Blätterteig

Die Blätterteigplatten auftauen lassen, mit etwas Mehl bestäuben und vorsichtig jeweils etwas größer als die Schalen ausrollen. Den Rand der Schalen mit Eigelb bestreichen, den Blätterteig darauf legen und sehr gut festdrücken – während des Garens soll das Aroma nicht entweichen können. Den Blätterteig mit Eigelb einpinseln und im vorgeheizten Backofen bei 230 °C (Umluft 210 °C) ca. 18 Minuten garen (je nachdem, wie gut Ihr Ofen heizt bzw. wie dick der Blätterteig ist, kann sich die Gardauer etwas verkürzen oder verlängern). Der Fisch sollte jedenfalls gar sein, wenn der Blätterteig schön goldbraun und aufgegangen ist. Die Glasschalen aus dem Ofen nehmen und sofort servieren. Jeder hebt bei Tisch die Blätterteighaube selbst ab oder durchsticht sie, um den Duft voll auskosten zu können.

Kochzeit 30 Minuten

Bei diesem Gericht haben Sie freie Fischwahl! Frische Kräuter (z.B. Thymian, Rosmarin, Basilikum oder Estragon) sowie Knoblauch sorgen für zusätzliches Aroma.

Kalbsschnitzel

MIT AUSTERNPILZ-RISOTTO

Nur diese 4 Zutaten kaufen:

1. 1 Hand voll Austernpilze
2. 2 Hand voll Risottoreis
3. 1 kleines Stück Parmesan
4. 2 Kalbsschnitzel

Basisprodukte:
7 EL Olivenöl, je 2 große Gläser Weißwein und Brühe, 1 Zwiebel, 1 Glas Rotwein sowie Salz, Pfeffer, 4 EL Butter

Risotto-Fans läuft das Wasser im Mund zusammen, wenn sie die Kombination Risotto und Pilz hören. Vor allem bei Steinpilzen oder Trüffeln gibt es kein Halten mehr. Die für den Geldbeutel etwas attraktivere Alternative heißt Austernpilze.

Der Risotto

Die Austernpilze vom Strunk abschneiden, größere Exemplare halbieren. Den Strunk klein hacken und in 2 EL Olivenöl anbraten, mit Weißwein und Brühe ablöschen. Aufkochen, dann heiß halten, aber nicht mehr kochen lassen. Die Zwiebel in feine Würfel schneiden und in 1 EL Olivenöl andünsten. Den Risottoreis hinzufügen, mit Salz und Pfeffer würzen und ebenfalls kurz andünsten. Nun mit dem heißen Pilzfond aufgießen und sofort mit einem Kochlöffel umrühren. Weiter verfahren wie auf Seite 106 beschrieben. Falls der Fond nicht ausreicht, einfach etwas Brühe und Weißwein nachgießen. Der Risotto ist gar, wenn er sämig ist, aber noch Biss hat. Zum Schluss 3 EL kalte Butter unterrühren. Vom Parmesan mit dem Messerrücken etwa 2 EL dünne Späne abschaben. Zusätzlich noch etwa 2 EL Parmesan reiben und unter den Risotto rühren. Kurz vor dem Anrichten die Austernpilze in 2 EL Olivenöl anbraten und unter den Risotto geben.

Das Fleisch

Die Kalbsschnitzel mit Salz und Pfeffer würzen und in 2 EL Olivenöl scharf von beiden Seiten je ca. 1 Minute anbraten. Auf einem ofenfesten Teller im vorgeheizten Backofen bei 120 °C (Umluft 90 °C) in ca. 4 Minuten fertig garen. Den Bratsatz in der Pfanne mit Rotwein ablöschen und auf etwa ein Drittel einkochen lassen. 1 EL kalte Butter zum Binden einrühren, aber nicht mehr kochen lassen, mit Salz und Pfeffer abschmecken. Den Risotto mit den aufgeschnittenen Kalbsschnitzeln anrichten, die Rotweinbutter darüber geben und mit den Parmesanspänen garnieren.

Kochzeit 30 Minuten

Statt Kalb eignet sich für dieses Gericht auch hervorragend Lamm oder Geflügel. Und Rosmarin ist der ideale Aromapartner zu Pilzrisotto jeglicher Art.

Lammgeschnetzeltes
MIT PAPRIKA UND POLENTA

Nur diese 4 Zutaten kaufen:

1 4 EL Polenta (Maisgrieß)
2 2 rote Paprikaschoten
3 250 g geschnetzelte Lammkeule
4 4 EL frisch geriebener Parmesan

Basisprodukte: ca. 4 große Tassen Brühe,
1 Zwiebel, Olivenöl, 1 Schuss Balsamico-
Essig, 1 Glas Rotwein
sowie Salz, Pfeffer, Stärke, 1 EL kalte Butter

*Eine richtig gute Polenta ist einfach göttlich: ihre schmelzende Konsistenz,
das zarte Olivenölaroma und der würzige Parmesangeschmack. Für zartes Lammfleisch
gibt es keinen besseren Partner!*

Polenta zum Ersten

Etwa 0,3 l Brühe aufkochen, den Polenta-
grieß einstreuen, mit dem Schneebesen gut
durchrühren und anschließend 15 Minuten
ganz leicht köcheln, eher quellen lassen.
Gelegentlich umrühren, denn Polenta brennt
leicht an. Je nach Grießsorte müssen Sie
vielleicht noch Brühe zugeben. Die Konsistenz sollte stets leicht cremig sein.

Das Geschnetzelte

Eine Paprikaschote halbieren, Stielansatz
und Kerne entfernen, etwas salzen und die
beiden Hälften im vorgeheizten Backofen
bei 160 °C (Umluft 140 °C) schmoren. Die
andere Paprika mit dem Sparschäler schälen,
Stielansatz und Kerne entfernen und in Würfel schneiden. Die Zwiebel ebenfalls in Würfel schneiden. Das Lammfleisch mit Salz und

Pfeffer würzen und in 2 EL Olivenöl scharf
anbraten. Zwiebel- und Paprikawürfel hinzufügen und kurz mitbraten. Mit Balsamico
und Rotwein ablöschen, einkochen lassen
und mit Brühe auffüllen. Die Sauce mit etwas
Stärke binden und abschmecken.

Polenta zum Zweiten

3 EL Parmesan, die kalte Butter und 1 Schuss
Olivenöl unter die Polenta rühren. Die Konsistenz sollte cremig sein, eventuell noch
etwas Brühe zugeben. Mit Salz und Pfeffer
abschmecken. Die Polenta auf Tellern
anrichten, in die Mitte jeweils eine Paprika-
hälfte geben und das Geschnetzelte hinein-
füllen. Mit dem restlichen geriebenen
Parmesan bestreuen.

Kochzeit
30
Minuten

Geben Sie in die Polenta auch einmal
klein geschnittene getrocknete Tomaten,
Knoblauch und reichlich frischen Thymian.

Geschmorter Apfel
MIT NOUGATSAUCE UND JOHANNISBEEREIS

Nur diese 4 Zutaten kaufen:

1 2 Äpfel
2 1 großes Croissant
3 1 EL Nougat
4 2 Kugeln Johannisbeereis

Basisprodukte:
1 Ei, 1 Tasse Sahne
sowie 1 EL Zucker, 1 EL Butter, Stärke

Äpfel kommen üblicherweise auf den Teig. Hier machen wir es einmal umgekehrt: Der Teig kommt in den Apfel. Das hat zwar mit Mutters Apfelkuchen nicht mehr viel gemeinsam, aber dafür geht es schneller und schmeckt ebenfalls großartig – vor allem in Verbindung mit Eis und Nougatsauce.

Die Äpfel

Die Äpfel schälen, die Schale beiseite legen, die Kerngehäuse mit einem Ausstecher entfernen. Das Croissant klein schneiden, mit Zucker, Ei und flüssiger Butter vermischen. Die Masse in die Äpfel füllen und im vorgeheizten Backofen bei 190 °C (Umluft 170 °C) gut 20 Minuten schmoren.

Die Sauce

Die Sahne aufkochen und den Nougat darin bei schwacher Hitze langsam schmelzen lassen. Wenn Sie eine sehr sämige Sauce haben möchten, einfach etwas einkochen lassen oder mit etwas in Wasser aufgelöster Stärke binden.

Das Eis

Die Apfelschalen zu einer kleinen Fläche zusammenlegen und jeweils 1 Kugel oder Nocke Eis darauf setzen. Nochmals kurz im Tiefkühlgerät gefrieren lassen (das Eis wird auf den Apfelschalen angerichtet, damit es nicht sofort mit der heißen Nougatsauce in Berührung kommt). Die Äpfel (eventuell ein Viertel dekorativ herausschneiden) jeweils auf die heiße Sauce setzen und mit dem Eis sofort servieren.

Kochzeit 30 Minuten

Ideal für dieses Rezept sind Äpfel der Sorte Cox Orange. Sie können aber auch Birnen auf diese Weise zubereiten.

Schokoladenauflauf

MIT ROTWEIN-KIRSCH-GRÜTZE

Nur diese 4 Zutaten kaufen:

1 4 Scheiben Toastbrot
2 1/2 Tafel Schokolade
3 1 Glas Sauerkirschen
4 2 Zweige Minze

Basisprodukte:
1 Ei, 1 Schuss Rotwein
sowie 3 EL Zucker, 1 TL Butter, Stärke

Süße Schokolade mit fruchtig-sauren Kirschen ist eine nicht ganz ungewöhnliche, in jedem Fall aber unwiderstehliche Kombination. Richtig raffiniert wird es, wenn zusätzlich noch Rotwein mit ins Spiel kommt.

Der Auflauf

Das Toastbrot entrinden und ebenso wie die Schokolade in 1 cm große Würfel schneiden. Beides mit dem Ei und 1 Prise Zucker vermischen. Zwei Kaffeetassen gründlich ausbuttern und den Tassenboden leicht zuckern (so kann man den Auflauf später besser stürzen). Die Masse in die Tassen füllen und im vorgeheizten Backofen bei 170 °C (Umluft 150 °C) 20 Minuten garen. Zum Stürzen den Rand mit einem Messer lösen und mit einem Löffel den Boden lockern.

Die Grütze

In einem Topf 2 EL Zucker etwas zerlaufen, d. h. bernsteinfarben karamellisieren lassen. Mit Rotwein ablöschen und einkochen lassen. Die Kirschen mit etwas Kirschsaft hinzufügen. Mit Stärke leicht sämig binden. Den Auflauf mit den Kirschen anrichten und mit Minzeblättern garnieren.

Kochzeit 30 Minuten

Eine tolle Alternative zu Kirschen und Rotwein sind Aprikosen mit Sekt oder auch Champagner.

Kochzeit
Minuten
40

Pommes frites

MIT DREIERLEI DIPS

Nur diese 4 Zutaten kaufen:

1 1 kleines Glas Mayonnaise
2 1 Knoblauchzehe
3 1 Zweig glatte Petersilie
4 2 Zweige Basilikum

Basisprodukte:
6–8 vorwiegend fest kochende Kartoffeln
sowie Öl zum Frittieren, Ketchup, Salz

Warum Pommes selbst machen, wenn man sie tiefgefroren im Supermarkt oder knusprig gebacken im Fast-Food-Restaurant um die Ecke kaufen kann? Es gibt nur einen Grund dafür: den unvergleichlichen Kartoffelgeschmack von selbst gemachten Pommes frites.

Pommes zum Ersten

Zunächst in einem Topf 10 cm hoch Öl zum Frittieren erhitzen. In der Zwischenzeit die Kartoffeln schälen und in Pommes-Stäbchen schneiden – sie sollten möglichst gleich dick sein. Die Kartoffelstäbchen gründlich mit kaltem Wasser abspülen (wäscht die Stärke ab) und mit einem Tuch gut trockenreiben. Die Kartoffelstäbchen in kleinen Portionen im heißen Fett ca. 4 Minuten hellgelb vorfrittieren. Herausnehmen und auf Küchenpapier 10 Minuten abtropfen lassen.

Die Dips

Für den ersten Dip ein Drittel der Mayonnaise mit der gleichen Menge Ketchup verrühren. Für den zweiten Dip ebenfalls ein Drittel der Mayonnaise mit durchgepresstem Knoblauch verrühren und für den dritten die restliche Mayonnaise mit den fein geschnittenen Kräutern vermischen.

Pommes zum Zweiten

Pommes müssen zwei Mal frittiert werden – das erste Mal zum Garen, ein weiteres Mal, um richtig kross zu werden. Deshalb die Pommes noch einmal in das heiße Fett geben und knusprig goldbraun backen. Auf Küchenpapier abtropfen lassen und leicht salzen. Mit den Dips servieren.

Kochzeit 40 Minuten

Beim Frittieren nie zu viele Kartoffelstäbchen auf einmal in den Topf geben, sonst sinkt die Temperatur und die Kartoffeln saugen sich mit Fett voll statt knusprig zu werden.

126

Gnocchi
MIT FRISCHKÄSE-ESTRAGON-SAUCE

Nur diese 4 Zutaten kaufen:

1 3 Zweige Estragon
2 1 EL Frischkäse
3 1 EL Sesam
4 1 Knoblauchzehe

Basisprodukte:
3 mehlig kochende Kartoffeln, je 1 Tasse Brühe und Sahne, 1 Ei, 1 EL Olivenöl sowie Salz, Pfeffer, Mehl, 1/2 EL Stärke

Selbst gemachter Gnocchi-Teig ist ein echtes Allround-Talent. Als Nocken gekocht ergibt er eine klößchenähnliche Beilage und wenn Sie ihn zu fingerdicken Rollen formen, haben Sie Schupfnudeln, die Sie auch einmal mit Zucker und Mohnbutter als Dessert servieren können.

Gnocchi zum Ersten

Die Kartoffeln schälen und in grobe Stücke schneiden. In Salzwasser weich garen und im Topf ausdampfen lassen. Durch die Kartoffelpresse drücken oder mit einer Gabel so fein wie möglich zerdrücken, abkühlen lassen.

Die Sauce

Die Brühe und die Sahne leicht einkochen lassen, mit Salz und Pfeffer abschmecken und beiseite stellen. Die Blättchen von 2 Estragonzweigen klein schneiden. Kurz vor dem Servieren den Frischkäse und den geschnittenen Estragon in die Sauce geben. Die Sauce erwärmen und mit dem Stabmixer schaumig rühren.

Gnocchi zum Zweiten

In die zerdrückten Kartoffeln das Ei sowie etwas Salz und Pfeffer einarbeiten. Dann so viel Mehl und Stärke rasch unterkneten (der Teig verhält sich je nach Kartoffelsorte anders), bis eine glatte, feste Masse entsteht. Den Teig zu einer daumendicken Rolle formen und in 2 cm dicke Stücke schneiden. Daraus Kugeln rollen und mit dem Gabelrücken Rillen eindrücken (so vergrößert sich die Oberfläche und die Gnocchi können mehr Sauce aufnehmen). Die Gnocchi in sprudelndem Salzwasser einmal aufkochen, dann ca. 4 Minuten bei kleiner Hitze ziehen lassen. 1 EL Olivenöl mit Sesam und der geschälten Knoblauchzehe erwärmen und die gut abgetropften Gnocchi darin kurz schwenken. Die Gnocchi mit der Sauce anrichten und mit Estragonblättchen garnieren.

Kochzeit 40 Minuten

Probieren Sie die Gnocchi auch einmal mit Chili-Tomaten (siehe S. 38) oder mit einer Auberginen-Rotwein-Sauce (siehe S. 86).

Gebratene Entenkeule
MIT BLAUKRAUT UND KARTOFFELSAUCE

Nur diese 4 Zutaten kaufen:

1. 2 Entenkeulen (à ca. 180 g)
2. 1/4 Kopf Blaukraut
3. 2 EL eingemachte Preiselbeeren
4. 1 Prise Zimtpulver

Basisprodukte: 1 Zwiebel, Balsamico-Essig, 1 Glas Rotwein, ca. 4 Tassen Brühe, 2 Kartoffeln sowie Salz, Pfeffer, Öl, 2 EL Butter, 1 EL Zucker, 1 TL Stärke

Gebratene Entenkeulen sind ein ganz traditionelles Gericht. Diese hier kommen knusprig-würzig aus dem Backofen und werden mit einem fruchtigen, schnellen Blaukraut mit Preiselbeeren angerichtet.

Die Entenkeulen

Die Keulen mit Salz und Pfeffer würzen. In etwas Öl von beiden Seiten gut anbraten und anschließend auf der Hautseite liegend im vorgeheizten Backofen bei 200 °C (Umluft 180 °C) ca. 35 Minuten braten.

Das Blaukraut

Das Blaukraut ebenso wie die Zwiebel in möglichst feine Streifen schneiden. Die Zwiebelstreifen in Butter andünsten, Zucker und 1 EL Preiselbeeren dazugeben und etwas einkochen lassen. Mit 1 Spritzer Balsamico und dem Rotwein ablöschen. Das Blaukraut ca. 3 Minuten in kochendem Salzwasser garen, dann abgießen und in die Rotweinsauce geben. Mit 1 bis 2 Tassen Brühe aufgießen, 1 Prise Zimt dazugeben und zugedeckt ca. 10 Minuten, dann noch 5 Minuten offen köcheln lassen. Anschließend mit Salz und Pfeffer abschmecken und mit der in kaltem Wasser angerührten Stärke binden.

Die Kartoffelsauce

Die Kartoffeln schälen, in kleine Würfel schneiden und mit der restlichen Brühe bedeckt gar köcheln. Den Kochfond abgießen und einen Teil der Kartoffeln mit dem Stabmixer unter den Fond mixen, sodass er eine cremige Konsistenz bekommt. Mit Salz und Pfeffer abschmecken, die übrigen Kartoffelwürfel im Fond nochmals aufkochen. Das Blaukraut in die Mitte der Teller geben, mit der Kartoffelsauce umgießen, die restlichen Preiselbeeren auf der Sauce verteilen und die Entenkeulen darauf setzen.

Kochzeit 40 Minuten

Sie können die Keulen auch in Rotwein und Brühe mit angebratenen Zwiebeln bei 140 °C schmoren. Das dauert zwar 1 Stunde länger, dafür haben Sie dann aber eine Fleischsauce.

Kartoffel-Bohnen-Soufflé

MIT SCHINKEN-KÄSE-SAUCE

Nur diese 4 Zutaten kaufen:

1. 1 Hand voll grüne Keniabohnen
2. 3 EL geriebener Allgäuer Bergkäse
3. 1 dicke Scheibe gekochter Schinken
4. 1 Zweig glatte Petersilie

Basisprodukte:
3 Kartoffeln, je 1 Tasse Sahne und Brühe,
2 Eier, 1 Spritzer Weißwein
sowie Salz, 2 EL Butter, 1 TL Stärke, Pfeffer

*Mit diesem Gericht kommen Sie dem Geheimnis des luftigen Soufflés auf die Spur.
Keine Angst, dieses kunstvolle Gebilde fällt nicht in sich zusammen,
dafür sorgen die Kartoffeln, die Halt geben – und die Eier sorgen für Luftigkeit.*

Das Soufflé

Die Kartoffeln schälen und in grobe Stücke schneiden, in Salzwasser garen und im Topf ausdampfen lassen. Die Bohnen putzen und in kochendem Salzwasser blanchieren. Eiskalt abschrecken und auf Küchenpapier abtropfen lassen. Die Böden von zwei Soufflé-förmchen mit etwas Alufolie auslegen, damit man das Soufflé später gut herausheben kann. Boden und Rand dick mit Butter fetten und die Bohnen eng nebeneinander an den Förmchenrand stellen – durch die Butter haften sie und bleiben stehen. Die Kartoffeln mit einer Gabel zerdrücken. Die Stärke dazugeben, mit Salz und Pfeffer würzen und mit 1 Schuss Sahne cremig verrühren. Die Eier trennen. Das Eigelb unter die Kartoffel-masse rühren, das Eiweiß mit 1 Prise Salz steif schlagen und vorsichtig unterheben.

Die Soufflémasse in die Förmchen füllen und im vorgeheizten Backofen bei 180 °C (Umluft 160 °C) ca. 18 Minuten garen.

Die Sauce

Die Brühe mit der restlichen Sahne etwas einkochen lassen. Den Bergkäse dazugeben und in der Sauce bei kleiner Hitze schmelzen lassen. Den Weißwein hinzufügen und die Sauce nochmals aufkochen, mit Salz und Pfeffer abschmecken. Kurz vor dem Anrich-ten mit dem Stabmixer aufschäumen. Den Schinken in Würfel schneiden und in etwas Butter anbraten. Die Soufflés aus den Förm-chen heben und die Alufolie entfernen. Die Soufflés mit den Schinkenwürfeln und der Käsesauce anrichten und mit Petersilie garnieren.

Kochzeit 40 Minuten

Servieren Sie das Soufflé auch einmal mit gebratener Entenbrust (siehe S. 88), Lammgeschnetzeltem (siehe S. 118) oder Balsamico-Schnitzeln (siehe S. 94).

Erdbeeren
IN CAIPIRINHA-GELEE

Nur diese 4 Zutaten kaufen:

1 2 unbehandelte Limetten
2 1 Schnapsglas Cachaça
3 3 Blatt Gelatine
4 250 g Erdbeeren

sowie 2 EL Zucker

Caipirinha ist der ideale Sommer-Drink: Kräftige Limettensäure, dezente Süße, die richtige Menge Alkohol und viel Eis vereinen sich wunderbar erfrischend. In Verbindung mit sonnengereiften Erdbeeren wird daraus ein wunderbares Dessert.

Das Gelee

Die Limetten gut waschen, vierteln und mit dem Zucker und dem Cachaça mit einem Stößel ausdrücken. Etwas kaltes Wasser hinzufügen und so lange umrühren, bis sich der Zucker vollständig aufgelöst hat. Zwischendurch probieren, es sollte weder zu süß noch zu säuerlich schmecken (ich denke, die meisten haben genügend Caipirinha-Erfahrung). Die Gelatine in kaltem Wasser einweichen und den Limettensaft durch ein Sieb gießen – es sollten ca. 0,3 l Flüssigkeit sein. Die Gelatine mit 1 Schuss Limettensaft bei schwacher Hitze auflösen. Die aufgelöste Gelatine heiß unter ständigem Rühren in den übrigen Limettensaft gießen.

Die Erdbeeren

Die Erdbeeren putzen, waschen, trockentupfen und klein schneiden. In zwei Sektgläser füllen, mit der Geleeflüssigkeit aufgießen und für ca. 25 Minuten in den Kühlschrank stellen. Je nach Kühlschranktemperatur kann es ein paar Minuten länger dauern, bis die Flüssigkeit geliert. Die Gläser nach Belieben mit Früchten dekorieren.

Kochzeit 40 Minuten

Statt Erdbeeren können Sie auch süße Kirschen, Himbeeren oder Ananas für dieses Dessert verwenden.

Register

Die Mengenangaben:	
1 Schuss	5 cl
1 Schnapsglas	4 cl
1 Glas	0,2 l
1 großes Glas	0,35 l
1 Tasse	0,15 l
1 große Tasse	0,25 l